Kohlhammer

Brennpunkt Schule

Herausgegeben von

Fred Berger
Wilfried Schubarth
Sebastian Wachs
Alexander Wettstein

Andrea Lehner-Hartmann,
Karin Peter,
Helena Stockinger

Religion betrifft Schule

Religiöse Pluralität gestalten

Verlag W. Kohlhammer

Dieses Werk einschließlich aller seiner Teile ist urheberrechtlich geschützt. Jede Verwendung außerhalb der engen Grenzen des Urheberrechts ist ohne Zustimmung des Verlags unzulässig und strafbar. Das gilt insbesondere für Vervielfältigungen, Übersetzungen, Mikroverfilmungen und für die Einspeicherung und Verarbeitung in elektronischen Systemen.

Die Wiedergabe von Warenbezeichnungen, Handelsnamen und sonstigen Kennzeichen in diesem Buch berechtigt nicht zu der Annahme, dass diese von jedermann frei benutzt werden dürfen. Vielmehr kann es sich auch dann um eingetragene Warenzeichen oder sonstige geschützte Kennzeichen handeln, wenn sie nicht eigens als solche gekennzeichnet sind.

Es konnten nicht alle Rechtsinhaber von Abbildungen ermittelt werden. Sollte dem Verlag gegenüber der Nachweis der Rechtsinhaberschaft geführt werden, wird das branchenübliche Honorar nachträglich gezahlt.

Dieses Werk enthält Hinweise/Links zu externen Websites Dritter, auf deren Inhalt der Verlag keinen Einfluss hat und die der Haftung der jeweiligen Seitenanbieter oder -betreiber unterliegen. Zum Zeitpunkt der Verlinkung wurden die externen Websites auf mögliche Rechtsverstöße überprüft und dabei keine Rechtsverletzung festgestellt. Ohne konkrete Hinweise auf eine solche Rechtsverletzung ist eine permanente inhaltliche Kontrolle der verlinkten Seiten nicht zumutbar. Sollten jedoch Rechtsverletzungen bekannt werden, werden die betroffenen externen Links soweit möglich unverzüglich entfernt.

1. Auflage 2022

Alle Rechte vorbehalten
© W. Kohlhammer GmbH, Stuttgart
Gesamtherstellung: W. Kohlhammer GmbH, Stuttgart

Print:
ISBN 978-3-17-039838-2

E-Book-Formate:
pdf: ISBN 978-3-17-039839-9
epub: ISBN 978-3-17-039840-5

Inhaltsverzeichnis

Vorwort		**13**

1	**Hinführung**	**15**
1.1	Religion betrifft Schule – Warum?	15
1.2	Ausgangspunkt Menschenrechte	18
1.3	Ausgangslage Pluralität	19
1.4	Was ist Religion?	20
1.5	Alles andere als einfach – ein Dilemma	23
1.6	Entstehung und Aufbau des Buches	24
Literatur		27

2	**Religiöse Weltdeutung als *ein* Zugang zur Welt**	**29**
2.1	Die eine Welt zeigt sich unterschiedlich	30
2.2	Religiöse Perspektiven auf die Welt sind nicht einheitlich	32
2.3	Wie mit unterschiedlichen Weltanschauungen umgehen?	34
2.4	Einseitigen Machtverhältnissen entgegenwirken	35
2.5	Zielperspektiven	37
2.6	Didaktische Anregungen	38
2.7	Reflexionsfragen	39
Literatur		39

Inhaltsverzeichnis

3	**Schul- und Unterrichtskultur**	**40**
3.1	Was meint »Kultur«?	41
3.2	Die Kultur der Schule	42
3.3	Umgang mit religiöser Vielfalt	43
3.4	Unterrichtskultur	44
3.5	Vision einer Kultur der Anerkennung	45
3.6	Haltung der Kooperation	46
3.7	Schulentwicklung als Prozess	46
3.8	Reflexionsfragen	48
Literatur		48

4	**Religiöse Diskriminierung**	**50**
4.1	Was ist Diskriminierung?	51
4.2	Erfahrungen von Diskriminierung	54
4.3	Antisemitische Diskriminierung	55
4.4	Antimuslimische Diskriminierung	56
4.5	Was tun angesichts von Diskriminierung?	57
4.6	Reflexionsfragen	59
Literatur		60

5	**Elterngespräche**	**62**
5.1	Herausfordernde Kooperation zwischen Lehrpersonen und Eltern	63
5.2	Gelingende Bildungspartnerschaft durch Kooperation	64
5.3	Reflexionsfragen	70
Literatur		71

6	**Religiöse Zeichen und Symbole**	**72**
6.1	Weltanschauliche Symbole in der Schule	73
6.2	Was sind Symbole?	74
6.3	Bedeutung und Wahrnehmung (religiöser) Symbole	77
6.4	Wie mit religiösen Symbolen in der Schule konstruktiv umgehen?	78
6.5	Reflexionsfragen	81
Literatur		82

7	**Gemeinsames Feiern in der Schule**	**84**
7.1	Was wird in der Schule wie gefeiert?	85
7.2	Bedeutung von Feiern in der Schule	86
7.3	Berücksichtigung unterschiedlicher religiöser Prägungen	87
7.4	Unterschiedliche Arten religionssensibler Feiern	89
7.5	Gestaltung gemeinsamer Feiern	92
7.6	Reflexionsfragen	96
Literatur		97

8	**Gebet in der Schule**	**99**
8.1	Was ist ein Gebet? – Formen des Gebets	100
8.2	Beten Jugendliche?	103
8.3	Gebet in der Schule	104
8.4	Herausforderung (Pflicht-)Gebet in der Schule	105
8.5	Räume für Gebet in der Schule	107
8.6	Pädagogische Perspektiven	109

Inhaltsverzeichnis

8.7	Reflexionsfragen	109
Literatur		110

9	**Religiöse Kleidung**	**111**
9.1	(Religiöse) Kleidung im Diskurs	112
9.2	Religiöse Bekleidungsvorschriften	114
9.3	Was steckt hinter den Diskussionen um das Kopftuch in der Schule?	115
9.4	Pädagogische Perspektiven	118
9.5	Reflexionsfragen	121
Literatur		122

10	**Religiöse Essensregeln**	**124**
10.1	Streit um's Schulbuffet	125
10.2	Essen ist mehr als Nahrungsaufnahme	126
10.3	Religiöse Essenskonventionen und -regelungen	128
10.4	Pädagogische Perspektiven	130
10.5	Reflexionsfragen	133
Literatur		133

11	**Religiöses Fasten**	**135**
11.1	Streitpunkt Fasten in der Schule	136
11.2	Weshalb (religiöses) Fasten?	137
11.3	Fasten in den Religionen	139
11.4	(Religiöses) Fasten als Thema in der Schule	142
11.5	Reflexionsfragen	146
Literatur		146

12 Konflikt- und Streitfall Religion 148

12.1	Religiöse Konflikte als Teil einer grundlegenden Konfliktkultur der Schule	150
12.2	Interpretation religiöser Ausdrucksformen	151
12.3	Wie kann in einem schulischen Kontext adäquat reagiert werden?	152
12.4	Fokus: Sich gegenseitig unterstützen	157
12.5	Reflexionsfragen	158
Literatur		159

13 Religiös begründete Kontroverse um Unterrichtsinhalte 161

13.1	Religiös begründeter Widerstand gegen Unterrichtsinhalte	162
13.2	Zwischen Bildungsvorgaben und persönlicher religiöser Überzeugung	163
13.3	Pädagogische Perspektiven	165
13.4	Reflexionsfragen	169
Literatur		170

14 Extremismus – Radikalisierung 171

14.1	Faszination extremistischer Gruppierungen	172
14.2	Was charakterisiert extremistische Ideologien?	175
14.3	Welche Bedeutung hat die Schule?	176
14.4	Wie können schulische Präventionsmaßnahmen aussehen?	177
14.5	Reflexionsfragen	181
Literatur		181

Inhaltsverzeichnis

| 15 | Körperlichkeit und Sexualität | 183 |

15.1	(K)ein schwieriges Thema in der Schule: Sexualität	184
15.2	Sexualität, Macht und Geschlecht in den Religionen	185
15.3	(Religiöse) Wertekonflikte: Beispiel Jungfräulichkeit	189
15.4	Pädagogische Perspektiven	190
15.5	Reflexionsfragen	193
Literatur		194

| 16 | Krisenfälle: Tod und Trauer | 196 |

16.1	Krisensituationen in der Schule: An- und Überforderungen	197
16.2	Auf existenzielle Fragen zurückgeworfen werden	198
16.3	Mit Gefühlen umgehen	199
16.4	Wie adäquat trauern im Kontext Schule?	201
16.5	... und darüber hinaus?	203
16.6	Reflexionsfragen	204
Literatur		205

| 17 | Humor | 207 |

17.1	Formen von Humor	208
17.2	Verletzender Humor?	209
17.3	Chancen von Humor	210

17.4	Grundsätzliches Verhältnis von Humor und Religion	211
17.5	Religionen sind nicht humorlos	212
17.6	Reflexionsfragen	213
Literatur		214

Die Autorinnen 215

Vorwort

Religion betrifft Schule. Mit den unterschiedlichen Akteur*innen sind vielfältige religiöse Einstellungen und Weltanschauungen in der Schule präsent. Dieser Band geht der Frage nach, wie religiöse Pluralität in der Schule vorkommt und konstruktiv gestaltet werden kann. Als Handreichung für Lehrpersonen, Schulleitungen, Lehrende in der Ausbildung, Studierende und alle, die an Schule interessiert sind, leistet dieses Buch Orientierung und eröffnet Handlungsperspektiven.

Konzeptionierung und Durchführung des Buches wurde von uns drei Autorinnen, Religionspädagoginnen römisch-katholischer Provenienz, vorgenommen. Als Angehörige der Mehrheitsreligion in Österreich befinden wir uns in einer vergleichsweise starken und privilegierten Position, in der wir im öffentlichen Diskurs keinen so massiven Vorbehalten wie Angehörige anderer Religionen ausgesetzt sind. Als solche fühlen wir uns verpflichtet, in einer Zeit, in der Religion starken Anfragen ausgesetzt ist, diese aufzugreifen und einer vertieften Reflexion zuzuführen. Um verschiedene weltanschauliche und religiöse Zugänge sowie vielfältige konkrete Erfahrungen aus dem Schulkontext einzubeziehen, haben wir unterschiedliche Resonanzräume eröffnet. Zu Beginn des Projektes wurden Fokusgespräche mit Lehrpersonen verschiedener Fächer und Direktor*innen durchgeführt, um relevante Fragen, Chancen und Schwierigkeiten um das Themenfeld »Religion in der Schule« zu erheben. Aus diesen Gesprächen kristallisierten sich die Themen für das vorliegende Buch heraus. Zu den im Autorinnenteam erarbeiteten Textentwürfen brachten Personen unterschiedliche religiöse und weltanschauliche Perspektiven aus Theorie und Praxis ein.

Allen Personen, die sich an der Entstehung des Buches beteiligt haben, sei herzlich für ihr Engagement und das Teilen ihrer Sichtweisen gedankt, insbesondere den Lehrpersonen und Direktor*innen, die ihre Erfahrungen mit uns teilten. Die Idee zu diesem Band entstand im Rahmen der Initiative lebens.werte.schule (lebenswerte schule.univie.ac.at). Besonders danken wir den Mitgliedern Thomas Krobath, Robert Schelander (evangelisch) und Martin Jäggle (römisch-katholisch), wobei letztere zwei auch erste Textentwürfe beisteuerten, sowie der islamischen Fachinspektorin Mabrouka Rayachi, die für ausführliche reflektierende Gespräche zur Verfügung stand. Aus einer weiteren islamischen Perspektive brachten Ranja Ebrahim und Sule Akdeniz differenzierte Überlegungen und Rückmeldungen ein.

In der konkreten Ausarbeitung haben uns die Studienassistent*innen des Fachbereichs Religionspädagogik und Katechetik am Institut für Praktische Theologie der Katholisch-Theologischen Fakultät der Universität Wien, Ulrich Brandstetter, Johannes Brunner, Michael Hlavka, Wiktoria Kalis, Florian Mayrhofer und Magdalena Nöbauer, an der LMU München, Katharina Seiband, und an der Katholischen Privat-Universität Linz, Jacqueline Buchner und Sophia Dürr, in den verschiedenen Arbeitsphasen mit inhaltlichen Recherchen, Korrekturlesen sowie bei der Finalisierung der Formalia unterstützt. Wir danken ihnen sehr für ihre kreativen Ideen sowie Aufmerksamkeit und Genauigkeit im Rahmen der Korrekturschleifen.

Die Verortung des Bandes in einer pädagogischen Reihe verdeutlicht die inhaltliche Ausrichtung und Fokussierung auf den schulischen Bereich. Für die Aufnahme in die Reihe »Brennpunkt Schule« sowie die wertschätzende und unterstützende Zusammenarbeit möchten wir insbesondere Klaus-Peter Burkarth danken.

So haben viele zum Gelingen dieses Projekts Entscheidendes beigetragen. Ein herzliches Dankeschön ihnen allen!

Das Autorinnenteam
Andrea Lehner-Hartmann, Karin Peter, Helena Stockinger

1

Hinführung

1.1 Religion betrifft Schule – Warum?

Religion erfährt in den letzten Jahren in der Öffentlichkeit vermehrte Aufmerksamkeit. Einerseits, weil Menschen mit unterschiedlichen religiösen Selbstverständnissen und Zugehörigkeiten im gesellschaftlichen Raum sichtbar werden, und andererseits, weil religiöse Pluralität zunehmend in politisch-gesellschaftlichen Diskursen als Konfliktfall aufgegriffen wird. Dies trifft auch auf den Kontext Schule zu, in dem sich alle gesellschaftlichen Gegebenheiten und Debatten seismographisch widerspiegeln. Religion ist in der Schule präsent, weil Menschen ihre weltanschauliche Haltung und ihre Religiosität in die Schule mitbringen. Darüber hinaus ist Religion Thema verschiedener Fachunterrichte sowie außerunterrichtlicher Gespräche (Willems 2020, 9). Schule kann sich somit – frei nach Paul Watzlawick – nicht nicht zu Religion verhalten.

Religion stellt sich als ambivalentes Phänomen dar, durch das der Mensch einerseits in einem größeren Horizont verortet wird, wodurch er sich selbst relativieren und auf andere anerkennend zugehen lernen kann. Durch religiöse Sichtweisen auf Mensch und Welt werden unterschiedliche ethische Positionen eingespielt, die helfen, Fragen des Lebens auf vielfältige Weise zu sehen. Andererseits können religiöse Überzeugungen auch durch exklusive Wahrheitsansprüche und extreme Positionen zu Abgrenzungs- und Ausgrenzungstendenzen führen. Gegenwärtig geraten die positiven Aspekte, die Religionen in Gesellschaften einbringen können, oft aus dem Blick, was sich auch im Schulleben zeigen kann.

Nicht selten wird Religion lediglich als Störfaktor bzw. als Ursache für einen angeblichen »Kulturkampf im Klassenzimmer« (Wiesinger 2018) wahrgenommen. Als Konsequenz dieser Sichtweise wird ein religionsfreier Raum Schule propagiert, verbunden mit der Hoffnung, sich der Probleme damit entledigen zu können. Mit dem Aussparen des komplexen und durchaus ambivalenten Phänomens Religion wird Schule aber weder ihrem Anspruch noch ihrem Auftrag, zur Entwicklung und Entfaltung von Heranwachsenden in einem umfassenden Sinn beizutragen, gerecht. Um sich in einer von religiöser und weltanschaulicher Pluralität geprägten Welt kompetent und differenziert bewegen sowie eine eigene begründete weltanschauliche Position finden zu können, bedarf es einer reflexiven Auseinandersetzung mit Religion. Schule kann sich nicht von der Aufgabe dispensieren, wichtigen Lebensfragen und damit verbundenen Konfliktpotenzialen auf den Grund zu gehen, vor allem wenn es nicht nur um persönliche, sondern um soziale Fragen geht, für die es eine friedliche Lösung zu entwickeln gilt (Wiedenroth-Gabler 2019, 173–183). Religion und religiöse Überzeugungen sind demgemäß in der Schule auf Relevanz und Wirkungen hin zu befragen. Dazu gehört auch, lebensförderliche wie lebenshinderliche Aspekte von Religion zu identifizieren und mit Schüler*innen zu bearbeiten. Das geschieht

1.1 Religion betrifft Schule – Warum?

zum einen durch den Religions- und Ethikunterricht in der reflexiv-kritischen Auseinandersetzung mit verschiedenen religiösen und weltanschaulichen Positionen auf eine Weise, die sich der Identitätsbildung der einzelnen Schüler*innen sowie dem Anliegen von gegenseitigem Respekt und Toleranz verpflichtet weiß. Zum anderen erfolgt dies in allen Fächern, in denen sich wichtige Lebensfragen stellen, sowie im Rahmen der Schule insgesamt. Es ist eine Herausforderung, die nicht von einzelnen Lehrpersonen bewältigt werden kann, sondern der Mitwirkung aller Akteur*innen bedarf.

Da das Phänomen Religion auch in (inter-)kulturellen Forschungen noch wenig Aufmerksamkeit erfährt (Lingen-Ali & Mecheril 2016), widmen sich diese Ausführungen der Frage, wie Religion in der Schule vorkommt und wie es gelingen kann, religiöse Vielfalt konstruktiv im Schulleben zu berücksichtigen. Dieser Band versteht sich als Unterstützung, diesem Anspruch möglichst gerecht zu werden. Es soll dadurch ein fachlich fundierter, konstruktiver Umgang mit Religion bzw. Religiosität als einem vielfältigen und ambivalenten Phänomen in der Schule gefördert werden. Ausgehend von Situationen, in denen sich religiöse Vielfalt in der Schule als Herausforderung zeigt, werden Möglichkeiten vorgestellt, Personen in ihrer Unterschiedlichkeit anzuerkennen und gemeinsam mit- und voneinander zu lernen. Lehrpersonen aller Unterrichtsfächer und Schultypen, Schulleiter*innen, darüber hinaus Didaktiker*innen bzw. Studierenden verschiedener Fächer und allen Interessierten wird damit eine Handreichung geboten, die Orientierung leistet und Handlungsperspektiven aufzeigt.

Im Folgenden werden einige das Buch bestimmende Grundannahmen transparent gemacht sowie kontextuelle Verortungen und begriffliche Klärungen vorgenommen.

1 Hinführung

1.2 Ausgangspunkt Menschenrechte

Grundlegend für das Buch und die Ausarbeitung der einzelnen Kapitel ist der prinzipielle Rahmen, den die Allgemeine Erklärung der Menschenrechte vorgibt. In besonderer Weise sind das Recht auf Bildung (Art. 26) und das Recht auf Gedanken-, Gewissens- und Religionsfreiheit (Art. 18) leitend.

Die Religionsfreiheit differenziert sich in zweifacher Weise als positive und negative Religionsfreiheit aus. Im Rahmen der positiven Religionsfreiheit kann wiederum eine individuelle und eine kollektive Dimension unterschieden werden. Die individuelle Dimension der Religionsfreiheit gewährt jedem Menschen das Recht, eine Weltanschauung bzw. einen Glauben frei zu wählen, einer Bekenntnisgemeinschaft seiner Wahl anzugehören oder eine solche zu gründen. Dazu gehört auch die individuelle wie kollektive öffentliche Bekundung und Ausübung des Glaubens. Die kollektive Dimension umfasst das Recht, religiöse Gemeinschaften zu gründen und sich zur Religionsausübung zu versammeln, die leitenden Personen selbst zu bestimmen, den Glauben zu verbreiten und neue Mitglieder anzuwerben. »Unter *negativer Religionsfreiheit* versteht man die Freiheit, einen religiösen Glauben *nicht* haben zu müssen, ein religiöses Bekenntnis *nicht* abgeben zu müssen und religiöse Riten und Äußerungsformen *nicht* vollziehen und an ihnen *nicht* teilnehmen zu müssen« (Tiedemann 2012, 159).

Die beiden Formen der positiven und der negativen Religionsfreiheit können durchaus in Spannung zueinander stehen, auch im Kontext Schule. Beiden Ausprägungen der Religionsfreiheit gilt es in der Schule gerecht zu werden. Dies bedeutet in der Verwirklichung der positiven Religionsfreiheit, Religion als für einige Mitglieder der Schulgemeinschaft entscheidenden Faktor in einem adäquaten Rahmen zu berücksichtigen und religiös motivierte Handlungsweisen zu ermöglichen. In der Verwirklichung der negativen Religionsfreiheit bedeutet es, niemanden zu einer religiösen Haltung oder zur Beteiligung an religiösen Vollzügen zu nötigen. Die negative Religionsfreiheit schließt aber nicht das Recht ein, mit religiösen Inhalten oder Symbolen gar nicht konfrontiert zu werden (Tiedemann 2012, 165–166). Wie sich Religion und Religionen im Schulkontext zeigen und zeigen dürfen, ist maßgeblich abhängig von den rechtlichen Rahmenbedingungen, die sich in den verschiedenen Ländern des deutschsprachigen Raums – und aufgrund der (unterschiedlichen) föderalistischen Verfasstheit der verschiedenen Staaten, z. T. auch innerhalb der einzelnen Länder – unterschiedlich darstellen. Auf die unterschiedlichen Regelungen der Länder kann in den einzelnen Kapiteln nicht näher eingegangen werden. Der Fokus dieses Bandes gilt pädagogischen Überlegungen und Anregungen zur Ausgestaltung dieses rechtlichen Rahmens. Ein Ausloten der Möglichkeiten konkret vor Ort ist unabdingbar.

1.3 Ausgangslage Pluralität

Wie Vielfalt berücksichtigt wird, ist eine entscheidende Frage im Rahmen politischer, gesellschaftlicher, aber auch religionspädagogischer Auseinandersetzung, weil sich an ihr entscheidet, wie miteinander umgegangen wird. So kann die »Frage des gesellschaftlichen Umgangs mit Differenz und Identität« als eine der »wichtigsten Themen politischer Auseinandersetzung und sozialtheoretischer Reflexion der Gegenwart« benannt werden (Mecheril & Plößer 2009, 194). Im Zusammenhang mit Vielfalt tauchen unterschiedliche Begriffe auf, wie Pluralität, Diversität, Differenz, Heterogenität etc. All diese Begriffe sind mehrdeutig und entfalten in den jeweiligen Diskursen ihre je eigene Bedeutung (für eine nähere Auseinandersetzung vgl. Grümme 2017, 77–88). Eine entscheidende Erkenntnis ist, dass es nicht *den* richtigen Umgang mit Differenz geben kann (Mecheril & Plößer 2009, 2). Schulen sind herausgefordert, kritisch zu reflektieren, wie sie Vielfalt (nicht) berücksichtigen und (nicht) bearbeiten, und Umgangsweisen zu erarbeiten, wie im jeweiligen Kontext der Schule mit Vielfalt umgegangen wird.

Unter Pluralität wird eine »Situation von gesellschaftlicher, kultureller, religiöser, weltanschaulicher usw. Vielfalt in ihrer bloßen Gegebenheit« (Schweitzer et al. 2002, 11) verstanden. Pluralität ist ein Faktum, das auftritt, sobald Menschen aufeinandertreffen, und sie erfordert eine Beschäftigung mit ihr. Durch die Bearbeitung können Vereinbarungen des Zusammenlebens getroffen werden (Ziebertz 2002, 53). Angesichts des facettenreichen Phänomens der Pluralität gilt es, handlungs-, sprach- und urteilsfähig zu werden (Grümme 2017, 78). Pluralität zeigt sich beispielsweise bezogen auf Alter, soziale Klasse, Geschlechtszugehörigkeit, sexuelle Orientierung, religiöse Einstellungen, körperliche, emotionale, soziale und kognitive Entwicklung etc. Diese Kategorien sind in ihrer Verwobenheit und ihren »Überkreuzungen« (intersections) zu betrachten, wie dies im Intersektionalitätsdiskurs betont wird (Crenshaw 2010; Walgenbach 2017).

Im Sinne der Komplexitätsreduktion fokussieren die folgenden Ausführungen auf die Kategorie Religion, die mit anderen Dimensionen unlösbar verschränkt ist. Dies geschieht im Bewusstsein, dass diese »situativ relevante Kategorie« Religion in interdependenten Beziehungen mit anderen Differenzen steht (Knauth 2020, 8). Die Verwobenheit mit anderen Kategorien wird im Band an unterschiedlichen Stellen thematisiert und beispielhaft sichtbar gemacht, kann aber nicht vollumfänglich explizit benannt werden.

1.4 Was ist Religion?

Religion ist ein Begriff, der mehrdeutig verwendet wird. Er kann sowohl Religion als ein bestimmtes Religionssystem, wie wir es unter den Bezeichnungen Judentum, Islam, Christentum, Buddhismus etc. kennen, als auch die persönliche Überzeugung des Individuums – häufig als Religiosität bezeichnet – umfassen. Es lässt sich zwischen

1.4 Was ist Religion?

einem substantiellen und einem funktionalen Religionsbegriff unterscheiden (Figl 2003). Ein substantieller Religionsbegriff bleibt an einem konkreten Religionssystem orientiert und verweist auf die Frage, was das Wesen von Religion ist. In einer funktionalistischen Ausrichtung geht es um bestimmte Leistungen von Religion (wie Gemeinschaftsbildung, Identitätsstiftung, Kontingenzbewältigung etc.). Diese »religiösen« Funktionen können nicht nur dezidiert religiösen Vollzügen oder Gemeinschaften, sondern unterschiedlichen Lebensbereichen, wie Sport (»*Rapid ist meine Religion*«), bestimmten Tätigkeiten, wie Musik hören/ausüben, oder Beziehungen, wie Partnerschaft oder Familie, zugeordnet werden. Damit kann, wie kritisch angemerkt wird, aber so ziemlich alles und jedes relativ undifferenziert als religiös bezeichnet werden. Eine brauchbare und für diesen Band leitende Definition, die sowohl subjektive wie institutionsbezogene Aspekte umfasst, aber nicht auf Funktionen eingegrenzt wird, weist Religion als »Existenzvollzug mit Bezug auf Transzendenz« (Figl in Polak 2002, 88–95) aus. Damit wird angezeigt, dass sich der Mensch in seinen Lebensvollzügen nicht nur auf sich selbst bezogen, sondern über sich hinaus verwiesen erfährt. Angetrieben wird er dabei oft von Fragen nach dem Woher und Wohin sowie dem Sinn des Lebens. Deutungen und Antworten werden mit dem Verweis auf Transzendenz vollzogen, die aus Religionssystemen abgeleitet werden können, aber nicht müssen. Religiosität ist dann eine »jedem Menschen potentiell mögliche, individuelle Ausprägung eines persönlichen Welt- und Selbstverständnisses unter Verwendung religiöser Kategorien, die meist im Kontext der umgebenden religiösen Kultur steht« (Hemel 2002, 9). Einer solchen Weitung des Religionsverständnisses, das nicht nur institutionalisierte Formen umfasst, ist auch für dieses Buch insofern der Vorzug zu geben, als sich religiöse Praxen nicht nur allein im Binnenraum von Religionssystemen, sondern auch außerhalb von diesen finden lassen. Menschen leben ihre religiösen Überzeugungen dann mehr oder weniger unabhängig von religiösen Institutionen.

Neben Definitionen finden sich auch Beschreibungen von Religionssystemen, welche Aspekte benennen, die sich in (fast) allen

1 Hinführung

Religionen finden. Nach Ninian Smart können sieben Dimensionen bzw. Aspekte von Religion bzw. Religiosität unterschieden werden, mit denen sich die Pluralität religiöser Phänomene beschreiben lässt. (1) Zur praktischen und rituellen Dimension zählen Kult, Ritus, Gebet, Meditation, Opfer, Feste; (2) die erfahrungsmäßige und emotionale Dimension umfasst religiöse Erfahrung, Frömmigkeit, mystisches Erleben u. Ä. (3) Zur narrativen oder mythischen Dimension gehören Schöpfungsmythen, Göttermythen, Geschichten und Legenden; (4) zur doktrinalen und philosophischen Dimension religiöse Lehren, Dogmen, Gottes-/Göttervorstellungen. (5) Die ethische und rechtliche Dimension gibt Auskunft über ethische Vorschriften, Gebote, Verbote; (6) die soziale und institutionelle Dimension über Formen der Gemeinschaftsbildung, wie Kirche, Umma, Kalifat, Klerus, Mönchtum etc. (7) Mit der materiellen Dimension werden heilige Orte, religiöse Gebäude, künstlerische Darstellungen benannt (Smart 1998).

Die Verwendung des Religionsbegriffs ist prinzipiell nicht unumstritten. So wird insbesondere im religionswissenschaftlichen Kontext die damit verbundene stark eurozentrische Fokussierung mit seinem Gebrauch im Singular kritisiert. Diese durchaus berechtigte Kritik verweist darauf, dass es auch innerhalb klar ausgewiesener Religionssysteme eine Vielfalt gibt, wie Religiosität gelebt wird. Eine Aufmerksamkeit für diese Pluralität ist auch in der Schule im Kontakt mit Menschen, die sich dezidiert einer organisierten und definierten Religionsgemeinschaft zugehörig fühlen, wichtig.

Mit Blick auf den Kontext Schule gilt es, die Aufmerksamkeit sowohl für die individuellen religiösen Verständnisweisen als auch für religiöse Phänomene, wie sie von institutionalisierten Religionen vorgeprägt sind, zu schärfen, weil diese in der Schule gleichermaßen wirksam und sichtbar werden. Mit dem Begriff ›Religion‹ bzw. dem der ›religiösen Pluralität‹ ist in diesem Buch sowohl die Vielfalt an unterschiedlichen religiösen Zugehörigkeiten als auch die Vielfalt an religiösen Einstellungen und Handlungsweisen gemeint. Religiöse Überzeugungen werden als spezifische Form von Weltanschauung verstanden. Auch andere weltanschauliche Haltungen werden in diesem Band mit berücksichtigt, der Fokus gilt allerdings dezidiert religiösen Positionen. Alle Ausführungen und Hinweise in diesem Buch sind um differenzierte Darstellungen bemüht, können aber die Vielfalt, die allein schon innerhalb einer Religion gegeben ist, niemals vollumfänglich abbilden, sondern maximal andeuten. Anhand exemplarischer Darlegungen werden ausgewählte Aspekte berücksichtigt.

1.5 Alles andere als einfach – ein Dilemma

In der Thematisierung weltanschaulicher und in dem hier gewählten Fokus religiöser Unterschiede ist es besonders bedeutend, eingelagerte gesellschaftliche Macht- und Ungleichheitsverhältnisse zu berücksichtigen. Auch wenn dies im Gesamt des Buches nur an manchen Stellen explizit gemacht werden kann, spielen Macht- und Dominanzverhältnisse in der Auseinandersetzung mit religiöser Pluralität eine wesentliche Rolle. Die Diskurse um Pluralität stehen im Kontext der Auseinandersetzungen um Anerkennung, wie sie beispielsweise in postcolonial studies, cultural studies, disability studies bedacht werden.

Bei der Auseinandersetzung mit (religiöser) Pluralität ergibt sich ein Dilemma: Wird Verschiedenheit in der Schule ignoriert, werden Ungleichheiten produziert und bestätigt. Deshalb ist eine Sensibilität für Verschiedenheit (Mecheril & Plößer 2009, 3) gefordert, um einen möglichst gerechten Umgang miteinander zu ermöglichen. Gleichzeitig bringt die Benennung von Gruppen mit sich, dass dadurch der Status als Gruppe »der Anderen« manifestiert wird. So braucht es einerseits die Benennung religiöser Unterschiede, um darin liegende Macht- und Dominanzverhältnisse aufzuzeigen und Teilhabe in Verschiedenheit zu ermöglichen. Andererseits werden bei der Thematisierung von religiösen Unterschieden Differenzlinien gezogen, die durch die Benennung auch verhärtet werden und zu Kategorisierungen und Stigmatisierungen beitragen können. Diesem Dilemma können sich die Ausführungen im vorliegenden Buch nicht entziehen.

Insbesondere Beispiele bedienen sich gängiger Kategorisierungen, um im Alltag auftretende Konflikte exemplarisch zu verdeutlichen und Möglichkeiten der Bearbeitung aufzuzeigen.

1.6 Entstehung und Aufbau des Buches

Die in diesem Buch präsentierten Überlegungen sind in Resonanz auf Erfahrungen, Rückmeldungen und Beispiele aus dem konkreten Schulalltag im deutschsprachigen Raum entstanden. Aus Fokusgesprächen mit Schulleiter*innen und Lehrpersonen verschiedener Unterrichtsfächer haben sich entscheidende Herausforderungen herauskristallisiert, die sich durch plurale weltanschauliche und religiöse Haltungen der Mitglieder einer Schulgemeinschaft ergeben. Sie wurden als Ausgangspunkte genommen und zu den Themenbereichen gebündelt, mit denen eine Auseinandersetzung in diesem Band erfolgt.

Die bearbeiteten Themen verstehen sich als kontextuell verortete und exemplarische Anregungen. Entsprechend erfolgen Schwerpunktsetzungen hinsichtlich der im deutschsprachigen Kontext besonders präsenten religiösen Bekenntnisse – v. a. christliche Konfessionen und islamische Strömungen – sowie damit einhergehende häufig auftauchende Fragen und Herausforderungen im Schulkontext. Auch bei Sachinformationen und Hinweisen sind in besonderer Weise diese Denominationen im Blick, wenngleich immer wieder auch andere weltanschauliche Überzeugungen Berücksichtigung finden.

Zu jedem der im Buch bearbeiteten Themenbereiche sind jeweils kompakte Hintergrundinformationen und konkrete Anregungen zur Gestaltung bzw. Möglichkeiten zur Reflexion der eigenen Schulwirklichkeit ausgearbeitet.

Die Bearbeitung jedes Themenbereichs erfolgt als in sich eigenständiges Kapitel, das auch ohne die vorherigen oder folgenden Themenbereiche schlüssig zu verstehen ist. Auf diese Weise wird den

1.6 Entstehung und Aufbau des Buches

Leser*innen je nach Interesse ein niederschwelliger, leichter Einstieg in das Buch ermöglicht. Verlinkungen zwischen Aspekten der einzelnen Bereiche gewährleisten, dass Leser*innen auf Zusammenhänge, wechselseitige Ergänzungen und Vertiefungen aufmerksam werden. Sie können sich so nach individuellem Interesse durch das Buch navigieren. Bei einer durchgehenden Lektüre aller Themenbereiche gibt es deshalb Überschneidungen, die zu einer vertieften Auseinandersetzung beitragen können.

Die einzelnen Themenbereiche sind prinzipiell an folgender Struktur ausgerichtet:

1. Eröffnung durch Stimmen aus der Praxis: Zitate von Menschen aus dem Schulkontext bzw. kurze Szenenbeschreibungen aus dem Schulalltag verdeutlichen zu Beginn die Relevanz des Themas in der Praxis.
2. Multiperspektivische Beschreibung des Kontexts: Fragestellungen, Spannungen und Herausforderungen, die mit dem jeweiligen Thema verbunden sind, werden in ihrer Vielschichtigkeit erörtert.
3. Hintergrundinformationen zum besseren Verständnis: Definitionen, Unterscheidungen und Klärungen tragen dazu bei, dass das bearbeitete Thema einerseits in einem größeren Zusammenhang gesehen werden kann und andererseits seine Spezifika deutlich werden. Hierdurch zeigen sich Herausforderungen und Chancen im Schulkontext.
4. Mögliche konkrete (religions)pädagogische Bearbeitungsmöglichkeiten: Mit Hilfe von Anregungen und skizzierten Beispielen werden (religions)pädagogische Handlungsweisen dargestellt.
5. Reflexionsfragen für die eigene Schulwirklichkeit: Abschließende Fragen unterstützen die Leser*innen, ausgehend von dem Gelesenen, den Bezug zur eigenen Praxis herzustellen und bieten so Anregungen für die Entwicklung der konkreten Schulwirklichkeit und Unterrichtstätigkeit.
6. Ergänzende bzw. vertiefende Info-Boxen und kleine Fallbeispiele: Die grafisch hervorgehobenen Info-Boxen fassen wesentliche Informationen kompakt und strukturiert zusammen. Kleine Fall-

1 Hinführung

beispiele tragen zu einem besseren Verständnis der theoretischen Ausführungen bei.

Im Rahmen der gewählten Themenbereiche werden zunächst sehr grundsätzliche Überlegungen angestellt, innerhalb derer das Phänomen Religion verortet wird (Kapitel 2-5). Deutlich wird dabei, dass religiöse Weltdeutung als ein Zugang zur Welt verstanden werden kann (▶ Kap. 2), wie grundlegend die Bedeutung der etablierten Schul- und Unterrichtskultur für Stellenwert und Art der Berücksichtigung von Religion im Schulkontext ist (▶ Kap. 3), welche Rolle religiöse Diskriminierung im Schulleben spielt bzw. wie diese möglichst reduziert werden kann (▶ Kap. 4) und wie Kontakt mit und Einbindung von Eltern gestaltet werden können (▶ Kap. 5).

In der Folge werden konkrete Themen in den Blick genommen, die im Schulleben virulent sind (Kapitel 6-14). In den Themenbearbeitungen zu religiösen Zeichen und Symbolen (▶ Kap. 6), gemeinsamem Feiern (▶ Kap. 7), Gebet (▶ Kap. 8), religiöser Kleidung (▶ Kap. 9), Essen und religiösen Essensregelungen (▶ Kap. 10) sowie religiösem Fasten (▶ Kap. 11) werden einzelne Fragestellungen aufgegriffen, mögliche Schwierigkeiten und Auseinandersetzungen, aber auch das Potential, das in den jeweiligen Feldern gegeben ist, aufgezeigt.

Zudem wird bearbeitet, inwiefern religiöse Überzeugungen zum Konflikt- und Streitfall werden (▶ Kap. 12) bzw. Unterrichtsinhalte Anlass zu Kontroversen geben (▶ Kap. 13) und wie mit diesen Herausforderungen umgegangen werden kann. Ein eigenes Kapitel ist der verschärften Frage von Extremismus (▶ Kap. 14) gewidmet.

Mit den abschließenden Kapiteln (Kapitel 15-17) wird der Blick mit Körperlichkeit und Sexualität (▶ Kap. 15), Krisenfällen wie Tod und Trauer (▶ Kap. 16) sowie Humor (▶ Kap. 17) auf Felder gerichtet, in denen Religion auf oft hintergründige, aber durchaus prägende Weise präsent ist.

Literatur

Crenshaw, Kimberlé W. (2010): Die Intersektion von »Rasse« und Geschlecht demarginalisieren. Eine Schwarze feministische Kritik am Antidiskriminierungsrecht, der feministischen Theorie und der antirassistischen Politik. In: Lutz, Helma/Herrera Vivar, Maria Teresa & Supik, Linda (Hg.), Fokus Intersektionalität. Bewegungen und Verortungen eines vielschichtigen Konzeptes (33–54). Wiesbaden: VS-Verlag.

Figl, Johann (2003): Religionsbegriff – zum Gegenstandsbereich der Religionswissenschaft. In: Figl, Johann (Hg.), Handbuch Religionswissenschaft. Religionen und ihre zentralen Themen (62–81). Innsbruck: Tyrolia.

Grümme, Bernhard (2017): Heterogenität in der Religionspädagogik. Grundlagen und konkrete Bausteine. Freiburg i. Br.: Herder.

Hemel, Ulrich (2002): Die Bedeutung des Verständnisses von Religiosität für die heutige Religionspädagogik. In: TheoWeb (1), 6–11.

Knauth, Thorsten (2020): Intersektionalität. In: Zimmermann, Mirjam & Lindner, Heike (Hg.), WiReLex. Online verfügbar unter: https://www.bibelwissenschaft.de/stichwort/100233/ [07.07.2021].

Lingen-Ali, Ulrike & Mecheril, Paul (2016): Religion als soziale Deutungspraxis. In: ÖRF 24 (2), 17–24.

Mecheril, Paul & Plößer, Melanie (2009): Differenz. In: Andresen, Sabine/Casale, Rita/Gabriel, Thomas/Horlacher, Rebekka/Larcher Klee, Sabina & Oelkers, Jürgen (Hg.), Handwörterbuch Erziehungswissenschaft (194–208). Weinheim-Basel: Beltz.

Polak, Regina (Hg.) (2002): Megatrend Religion? Neue Religiositäten in Europa. Ostfildern: Schwabenverlag.

Schweitzer, Friedrich/Schwab, Ulrich/Ziebertz, Hans-Georg & Englert, Rudolf (Hg.) (2002): Entwurf einer pluralitätsfähigen Religionspädagogik. Gütersloh: Kaiser/Gütersloher Verlagshaus. Freiburg i. Br.: Herder.

Smart, Ninian (1998): The nature of a religion. In: Smart, Ninian (Hg.), The World's Religions (11–22). Cambridge: University Press.

Tiedemann, Paul (2012): Religionsfreiheit – Menschenrecht oder Toleranzgebot? Was Religion ist und warum sie rechtlichen Schutz verdient. Berlin/Heidelberg: Springer-Verlag.

Vereinte Nationen (1948): Resolution der Generalversammlung. Allgemeine Erklärung der Menschenrechte.

Walgenbach, Katharina (2017): Heterogenität – Intersektionalität – Diversity in der Erziehungswissenschaft (2., durchges. Aufl.). Opladen/Toronto: Verlag Barbara Budrich.

1 Hinführung

Wiedenroth-Gabler, Ingrid (2019): Kulturelle Vielfalt in der Schule. Islam als Herausforderung. Stuttgart: Kohlhammer.

Wiesinger, Susanne (2018): Kulturkampf im Klassenzimmer. Wie der Islam Schulen verändert. Bericht einer Lehrerin. Wien: Edition QVV.

Willems, Joachim (2020): Einleitung. Religion in der Schule – Pädagogische Praxis zwischen Diskriminierung und Anerkennung. In: Willems, Joachim (Hg.), Religion in der Schule. Pädagogische Praxis zwischen Diskriminierung und Anerkennung (9–21). Bielefeld: transcript.

Ziebertz, Hans-Georg (2002): Grenzen des Säkularisierungstheorems. In: Schweitzer, Friedrich/Englert, Rudolf/Schwab, Ulrich & Ziebertz, Hans-Georg (Hg.), Entwurf einer pluralitätsfähigen Religionspädagogik (51–85). Gütersloh: Kaiser/Gütersloher Verlagshaus. Freiburg i. Br.: Herder.

2

Religiöse Weltdeutung als *ein* Zugang zur Welt

> **Was ist der menschliche Körper? – eine Frage, mehrere Zugänge ...**
>
> *Die Biologielehrerin fasst zusammen: »Unser Körper umfasst unterschiedliche Bestandteile, die spezifische Aufgaben haben. Dazu gehört zunächst das Skelett, das aus Knochen gebildet wird. Die äußere Begrenzung stellt die Haut dar. Füße, Hände, Gesicht, Haare, Nägel sind ebenfalls äußerlich sichtbar. Für das Funktionieren des Körpers wesentlich sind der Blutkreislauf, innere Organe wie Herz Lunge, Verdauungstrakt sowie die Muskulatur ...«*

> *Der Kunstprofessor gibt die Anleitung:* »*Achten Sie auf den Ausdruck! Was soll Ihre Figur vermitteln? Welche Botschaft möchten Sie durch sie vermitteln? Was müssen Sie dabei bei der Wahl der Perspektive, der Farbgebung, der Positionierung beachten?*«
> *Im Sportunterricht erleben die Schüler*innen ihren Körper auf unterschiedliche Weise. Während die einen die Lust am Ausloten von Grenzen motiviert, die Kraft ihres Körpers zu spüren und diese auch einzusetzen, haben andere große Scheu, ihren Körper zu zeigen oder fürchten sich vor Übungen, bei denen sie versagen könnten.*

2.1 Die eine Welt zeigt sich unterschiedlich

Sich selbst, andere und die Welt wahrzunehmen, geschieht aus einer bestimmten Perspektive, die darüber entscheidet, ob etwas bzw. was und wie dies wahrgenommen wird. An den Beispielen der Wahrnehmung, des Erlebens und des Umgangs mit dem menschlichen Körper lässt sich dies gut verdeutlichen. Im Kaleidoskop der Fächer wird der Körper im schulischen Unterricht auf sehr unterschiedliche Weise betrachtet. Neben fachbezogenen Auseinandersetzungen in den einzelnen Unterrichtsfächern spielen in der Schule aber auch Körperwahrnehmungen in der Pause eine wichtige Rolle. Der Vergleich mit anderen Altersgenoss*innen, Wertungen von Personen, (un)beabsichtige Bemerkungen oder die Erfahrung des Verliebt-Seins können die Selbstwahrnehmung entscheidend beeinflussen. Über soziale Medien wie Instagram oder TikTok wird die eigene Körperlichkeit inszeniert dargestellt, wobei dadurch häufig Druck entsteht, sich selbst auch ideal zu präsentieren (Royal Society for Public Health 2017, 8, 10). Selbst- und Weltwahrnehmung geschehen nicht rein individuell, sondern sind immer sozial vermittelt.

Am Beispiel des Körpers wird deutlich, dass unterschiedliche Perspektiven auf sich selbst und die Welt einen bestimmten Ausschnitt

2.1 Die eine Welt zeigt sich unterschiedlich

freigeben. Diese können aber nicht den Anspruch erheben, die Welt als Ganze zu erfassen. Darüber zu diskutieren, ob die Welt- und Selbstsicht Liebender weniger real ist als die eines vermessenden, faktenorientierenden Blicks ist müßig. Beide sind auf ihre Weise real und werden benötigt, um sich der Erfassung von Welt nähern zu können. Wichtig ist, sich der jeweiligen Perspektive bewusst zu sein, unter der man sich selbst, den anderen und seine Umwelt betrachtet. Sichtweisen, die auf naturwissenschaftlich nachweisbare Fakten verweisen und in gegenwärtigen Diskussionen oft eine Vorrangstellung einnehmen, sind durch andere Blickwinkel zu ergänzen, unter denen die Welt betrachtet werden kann. So können beispielsweise über das Wissen um biologische Prozesse hinaus Bewältigungsstrategien einer Romanfigur im Umgang mit einer Beziehung oder mit Tod und Krankheit erkenntnisreich sein.

Auch Religionen spielen bestimmte Perspektiven im Blick auf die Welt und die eigene Person ein: Sie stellen Fragen des Menschen nach sich und der Welt in einen größeren Horizont und setzen sie mit Gott, einem Heiligen, höheren Mächten, Energie etc. in Beziehung. Nicht für alle ist dies in gleicher Weise nachvollziehbar, verständlich und verstehbar. Parallel zu ästhetischer, literarischer Weltwahrnehmung ist diese Sichtweise eine spezifische Auseinandersetzung mit Welt, die für verschiedene Personen bedeutend ist. Auch eine religiöse Weltsicht gilt es, rational zu verantworten und in den Diskurs einzubringen. Sich der Wirklichkeit aus unterschiedlichen Perspektiven zuzuwenden – wobei keine Dimension eine andere ersetzen kann – ist ein Kennzeichen von Bildung (Baumert 2002, 113).

Verschiedene Arten der Welterschließung (Modi der Weltbegegnung)

- Kognitiv-instrumentelle Modellierung der Welt: Mathematik, Naturwissenschaften (»Wie geht es?«)
- Ästhetisch-expressive Begegnung und Gestaltung: Sprache/ Literatur, Musik, Malerei/Bildende Kunst, Physische Expression

(»Wie begegnet mir die Wirklichkeit? Wie kann ich Wirklichkeit ausdrücken?«)
- Normativ-evaluative Auseinandersetzung mit Wirtschaft und Gesellschaft: Geschichte, Ökonomie, Politik/Gesellschaft, Recht (»Wie ist die soziale Welt verbindlich zu ordnen?«)
- Konstitutive Rationalität: Religion, Philosophie (»Was ist wirklich? Wozu bin ich da?«) (Baumert 2002, 106–108, 113)

2.2 Religiöse Perspektiven auf die Welt sind nicht einheitlich

Sich selbst, andere Menschen und die Welt insgesamt von der Beziehung zu Gott oder anderen transzendenten Realitäten her zu verstehen, wird im Rahmen verschiedener religiöser Überzeugungen auf unterschiedliche Art konkret ausgestaltet. Wie unterschiedliche Religionen und Weltanschauungen sowie Personen, die diesen zugeordnet werden, in den Blick kommen und bewertet werden, ist von kontextuellen, historischen und individuellen Faktoren abhängig. Hierbei spielen Dominanzhaltungen und Machtasymmetrien eine bedeutende Rolle. So werden in (west)europäischen Ländern Menschen häufig aus einer evangelisch- oder katholisch-christlichen Perspektive heraus wahrgenommen, auch wenn sich Menschen keiner religiösen Überzeugung oder anderen Religionen zuordnen. Diese westlich-christliche Perspektive, an der andere gemessen und beurteilt werden, bleibt zumeist »unsichtbar« – insofern sie nicht thematisiert wird –, ist aber wirkmächtig. Eine katholische Religionslehrerin macht diesen Mechanismus deutlich und verweist gleichzeitig selbstkritisch auf das Dilemma, das sich für sie daraus ergibt:

> »In letzter Zeit kommt bei mir im Unterricht immer öfter die Jägerstättergeschichte vor, den ich als Katholikin immer total super gefunden habe, weil er seine Religion über die Staatsdoktrin gestellt hat – und er ist dafür selig

2.2 Religiöse Perspektiven auf die Welt sind nicht einheitlich

gesprochen worden. Wenn ich aber jetzt von einem Moslem höre, dass er seine Religion über die Staatsdoktrin stellt, weil ihm das mehr wert ist, sage ich: Du bist ein Radikaler. Und das ist so das Zweischneidige.«

Obwohl der Vergleich etwas hinkt, weil diktatorische Verhältnisse des NS-Regimes, denen sich Franz Jägerstätter durch die Verweigerung, Kriegsdienst zu leisten, widersetzte, doch anders zu bewerten sind als demokratische, und dazu auch nicht deutlich gemacht wird, wo und wie jemand seine Religion über staatliche Gesetze oder Prozesse stellt, zeigt das Beispiel sehr gut, dass unterschiedliche Wahrnehmungen mit unterschiedlichen Zuschreibungen und Zugeständnissen einhergehen. Zu hören, dass Muslime ihren Glauben über staatliche Gesetze stellen könnten, löst bei manchen den Reflex der Demokratiegefährdung aus, während das Widersetzen in christlichem Kontext als vorbildhaft vorgestellt wird. Die angeführte Lehrperson deckt in ihren Reflexionen blinde Flecken der Eigenwahrnehmung und -deutung auf, indem sie ihre unterschiedlichen Reflexe als ambivalent bewertet.

> **Prägende kulturelle Unterschiede**
>
> In einem mitteleuropäischen Kontext mit zunehmend säkularer Prägung sehen sich religiöse Menschen herausgefordert, sich für eine bestimmte religiöse Überzeugung persönlich entscheiden zu müssen und die eigene religiöse Überzeugung zu begründen. Autonome Entscheidungen in religiöser wie politischer Hinsicht treffen zu können, ist als ein relativ junges Phänomen anzusehen. Historisch betrachtet war es der (Ur-)Großelterngeneration in Mitteleuropa fremd zu hinterfragen, warum sie einer bestimmten religiösen Konfession angehört. Eine persönliche Glaubensentscheidung als zentral anzusehen, gewinnt erst ab Mitte des letzten Jahrhunderts zunehmend an Bedeutung und steht mit historischen Ereignissen (Autoritarismuskritik, II. Vatikanisches Konzil etc.) in Zusammenhang. In Communities, in denen religiöse Zugehörigkeit als unhinterfragte Selbstverständlichkeit angesehen wird, kann

> die Aufforderung, die eigene religiöse Zugehörigkeit zu begründen, fremd anmuten. Für jene, die religiös motivierte Repressionen am eigenen Leib erlebt haben, kann es befreiend sein, sich nicht religiös verorten zu müssen.

2.3 Wie mit unterschiedlichen Weltanschauungen umgehen?

Der Umgang mit weltanschaulichen und religiösen Unterschieden kann gegenseitigen Respekt und gemeinsames Lernen fördern, er kann umgekehrt aber auch dazu führen, dass unterschiedliche Sichtweisen gegeneinander in Stellung gebracht werden und mit allen Mitteln versucht wird, die eigene Position argumentativ zu rechtfertigen. Dabei werden häufig Grenzen der Gegner*innenschaft gezogen, die Religion, Nation, Geschlecht, soziale Zugehörigkeit etc. betreffen. Dies passiert auch dort, wo Lehrpersonen in bester Absicht Begegnungsphasen zwischen Gruppen unterschiedlicher religiöser Zugehörigkeit (z. B. christlich – muslimisch) organisieren. Sowohl die christlichen als auch die muslimischen Schüler*innen können dadurch in die ihnen zugewiesenen Rollen samt einer Auskunftspflicht gedrängt werden. Auch Schüler*innen, die sich selbst gar nicht unbedingt als religiös verstehen, können sich einer solchen Logik nur schwer entziehen. In dieser Dynamik sind anstrengende Konflikte und Unzufriedenheit vorprogrammiert sowie Bemühungen um respektvolle interreligiöse Begegnungen zum Scheitern verurteilt. Wie kann man dieser Falle entkommen?

Obwohl eine argumentative Auseinandersetzung mit religiösen Überzeugungen zu begrüßen ist, ist sie nur konstruktiv und hilfreich, wenn sie nicht über Abgrenzung oder gar Minderbewertung von anderen mit dem Ziel, die eigene Überzeugung oder Tradition als die bessere und überlegenere darzustellen, geführt wird (Lingen-Ali &

Mecheril 2016). Religiöse Bildung beinhaltet u. a. das Nachdenken über eigene Überzeugungen sowie die Auseinandersetzung mit anderen Überzeugungen und Traditionen. Das Ziel religiöser Bildung ist es nicht, Argumente *gegen* andere Positionen zu finden, sondern plausible Argumente *für* die eigene Position zu suchen und diese auf Änderungen hin offen zu halten.

2.4 Einseitigen Machtverhältnissen entgegenwirken

Den anderen in seiner (fremden) Unterschiedlichkeit verstehen zu wollen, bedarf zunächst einer bestimmten Haltung: der des Hörens und Verstehenwollens (Ahrnke 2019). Dazu eignet sich eine Einladung zum Erzählen besser als die argumentative Konfrontation. Sich erzählen zu lassen, wie jemand lebt, woran er glaubt und warum jemand bestimmten Vorgaben, Normen, Bräuchen folgt, gibt dem anderen die Chance, sich anerkannt zu fühlen. Dies ist die Voraussetzung, tatsächlich in ein Gespräch auf Augenhöhe eintreten zu können (Engelhardt 2011). Das Gegenüber erhält dadurch die Möglichkeit, seine Beweggründe und Argumente plausibel darzulegen, ohne sich in einer untergeordneten Position zu erleben. Grundlegend hierfür ist das Gefühl, als Mensch ernst genommen zu werden, zu einer Gruppe, Gemeinschaft oder der Gesellschaft dazuzugehören, bevor der nächste Schritt zu wagen ist: Unterschiede, Nichtvereinbarkeiten herauszuarbeiten, Inkonsistenzen aufzudecken und auf mögliche Konsequenzen (z. B. Sanktionen bei abwertendem, andere unterdrückendem Verhalten) hinzuweisen. In besonders strittigen und schwierigen Fällen kann es notwendig werden, sich religiöse Autoritäten zu Hilfe zu holen – beispielsweise, wenn Schüler*innen sich auf religiöse Personen oder Positionen berufen, die fundamentalistisch erscheinen, wenn sie sich mit anderen Lebensweisen nicht auseinandersetzen wollen und damit sich selbst aus dem schulischen Leben ausschließen [Extremismus, ▶ Kap. 14].

Viele Konflikte oder Reaktionen des Rückzugs in sich ethnisch oder religiös abschließenden Gruppen haben ihre Ursache im Gefühl, nicht angenommen zu sein, nicht dazuzugehören, sich ausgegrenzt zu erleben. Der*die Betroffene wird dann mit allen möglichen Mitteln versuchen, seinen/ihren Platz zu finden und zu verteidigen. Dies kann von demonstriertem abgrenzendem (religiösem oder ethnischem) Selbstbewusstsein bis hin zu angepasstem, möglichst unauffälligem Verhalten reichen. Es ist nicht immer einfach, Schule so zu gestalten, dass sich die anwesenden Schüler*innen, Lehrer*innen und alle anderen in der Schule tätigen Personen als Gemeinschaft erleben. Davon auszugehen, dass alle in der Schule anwesenden Personen Teil der (Schul)Gemeinschaft sind und dass diese Zugehörigkeit nicht erst durch besondere Tätigkeiten, besonderes Verhalten etc. erkämpft oder verdient werden muss, ist eine Grundvoraussetzung dafür, dass man sich aufeinander einlassen und in seiner religiösen, kulturellen, sozialen Unterschiedlichkeit zeigen kann.

Im Umgang miteinander wirken oftmals unbewusste Überzeugungen und Haltungen. Um diese ins Bewusstsein zu heben, bedarf es einer kontinuierlichen sogenannten »kulturellen Selbstreflexion«, um auch den subtil bewertenden und ausgrenzenden Mechanismen auf die Spur zu kommen (Auernheimer 2013, 63–66). Wer die Auseinandersetzung damit scheut und sei es auch in der hehren Absicht, neutral sein zu wollen, unterliegt diesen unbewusst wirkenden Mechanismen. Sie bestimmen aber letztendlich, ob sich jemand zugehörig fühlt oder nicht, ob es gelingt, Gemeinschaft zu bilden oder zu spalten. Damit werden (unbewusst) Machtverhältnisse etabliert, die zu Konflikten führen, die über Religion, Kultur etc. abgehandelt werden [Diskriminierung, ▶ Kap. 4].

2.5 Zielperspektiven

Für den Umgang mit der Komplexität der Welt, den Menschen in ihr und den unterschiedlichen Betrachtungsmöglichkeiten lassen sich vier Zielperspektiven ausmachen:

- Schüler*innen üben sich darin, die unterschiedlichen Perspektiven der Weltsicht (naturwissenschaftlich, künstlerisch, ökonomisch, religiös) adäquat einzusetzen. Die Schüler*innen sollen erkennen können und wissen, welche Perspektive in welcher Situation angemessen ist und welche nicht: beispielsweise warum eine naturwissenschaftliche, faktenbasierte Sichtweise nicht eine künstlerische, literarische, philosophische und religiöse Sichtweise ersetzen kann.
- Die unterschiedlichen Perspektiven geben eine reichhaltige Sicht auf die Welt und den Menschen in ihr frei, ohne dass sie alles umfassend und ausreichend erfassen können. Schüler*innen sollen ein Bewusstsein für die Unfassbarkeit von Welt und Mensch entwickeln können.
- Das Gefühl von Gemeinschaft, Zugehörigkeit und Anerkennung ist eine Grundvoraussetzung, um existenzielle Themen zu bearbeiten und von- und miteinander zu lernen. Vorhandene unterschiedliche weltanschauliche und religiöse Überzeugungen können am besten erzählend miteinander ins Gespräch gebracht werden. Sie argumentativ aufeinanderprallen zu lassen, ist zu vermeiden.
- Kulturelle Selbstreflexion einzuüben bedeutet, ein Bewusstsein dafür zu entwickeln, dass man den/die andere/n unter einer kulturell vorgeprägten Perspektive wahrnimmt und kritisch reflektiert, welche Wirkungen dies beim Gegenüber hervorrufen (kann). Wird kulturelle Selbstreflexion als Kennzeichen professionellen Lehrer*innenhandelns anerkannt, kann sich dies in einem positiven Umgang miteinander in Schule und Klasse zeigen.

2.6 Didaktische Anregungen

- Die Schüler*innen werden in einem geeigneten Setting (vorzugsweise in einem Kreis oder einer anderen Form, in der sich die Schüler*innen von Angesicht zu Angesicht sehen können) zum erzählenden Gespräch eingeladen. Dies kann sowohl in regelmäßiger und ritualisierter Form (Morgenkreis, Wochenanfangskreis etc.), insbesondere bei jüngeren Kindern, als auch anlassbezogen erfolgen. Um sich auf ein erzählendes Gespräch einlassen zu können, brauchen die Schüler*innen zunächst eine Orientierung über geltende Regeln (zuhören, ausreden lassen, keine abwertenden Kommentare und Zwischenrufe abgeben etc.) und deren Einhaltung (Wer achtet wie darauf? Wie werden Verstöße geahndet? etc.). Erst auf Basis dieser Informationen können die jungen Menschen abwägen, ob und wie sie sich darauf einlassen können und wollen. Zu berücksichtigen ist, dass Personen selbstständig entscheiden, was sie von sich aus mitteilen möchten.
- Weiterführend wird Schüler*innen ermöglicht zu erzählen, wie sie leben, wie sie ihren jeweiligen Tag gestalten etc., welche (religiösen) Überzeugungen sie teilen und was ihnen daran wichtig ist, was sie mit bestimmten Praktiken verbinden. Dazu gehört auch, erzählen zu lassen, was fremd ist, ohne dass dies in Abwertung von anderen geschieht. Danach können in der Klassengruppe Gemeinsamkeiten, die in den Erzählungen auffällig wurden, benannt und Unterschiede erarbeitet werden. Dabei sind die unvereinbaren Elemente nicht auszusparen.
- Wenn die Schüler*innen mit dem Erzählen vertraut sind und erlebt haben, dass Regeln befolgt werden bzw. auf deren Einhaltung geachtet wird, kann in einem nächsten Schritt ein Erzählimpuls zu negativen Erfahrungen erfolgen (Das hat mich gekränkt, da habe ich mich ausgegrenzt/nicht zugehörig/fremd gefühlt etc.).

2.7 Reflexionsfragen

- Wo werden in der Schule/in den Klassen/im Konferenzzimmer unterschiedliche Weltsichten deutlich?
  - Wie wird damit umgegangen?
  - Welche werden als positiv, welche als negativ gewertet?
- Welche Konflikte werden im Schulkontext mit religiösen oder kulturellen Überzeugungen in Verbindung gebracht?
- Wo besteht die Notwendigkeit, einen Prozess der »kulturellen Selbstreflexion« zu initiieren und wer könnte davon profitieren?

Literatur

Ahrnke, Stephan (2019): Didaktik des Zuhörens. Wie das Hören lehren kann. In: Wiesinger, Christoph & Ahrnke, Stephan (Hg.), Erzählen. Ingrid Schoberth zum 60. Geburtstag (101–117). Göttingen: Vandenhoeck & Ruprecht.

Auernheimer, Georg (2013): Interkulturelle Kommunikation, mehrdimensional betrachtet, mit Konsequenzen für das Verständnis von interkultureller Kompetenz. In: Auernheimer, Georg (Hg.), Interkulturelle Kompetenz und pädagogische Professionalität (37–70). Wiesbaden: VS-Verlag.

Baumert, Jürgen (2002): Deutschland im internationalen Bildungsvergleich. In: Killius, Nelson/Kluge, Jürgen & Reisch, Linda (Hg.), Die Zukunft der Bildung (100–150). Frankfurt a. M.: Suhrkamp.

Engelhardt, Michael von (2011): Narration, Biographie, Identität. Möglichkeiten und Grenzen des lebensgeschichtlichen Erzählens. In: Hartung, Olaf/Steininger, Ivo & Fuchs, Thorsten (Hg.), Lernen und Erzählen interdisziplinär (39–60). Wiesbaden: VS-Verlag.

Lingen-Ali, Ulrike & Mecheril, Paul (2016): Religion als soziale Deutungspraxis. In: ÖRF 24 (2), 17–24.

Royal Society for Public Health (2017): #StatusOfMind. Social media and young people's mental health and wellbeing. Online verfügbar unter: https://www.rsph.org.uk/static/uploaded/d125b27c-0b62-41c5-a2c0155a8887cd01.pdf [05.11.21].

3

Schul- und Unterrichtskultur

> »Das Tollste an der Schule ist, dass so viele Schülerinnen und Schüler aus unterschiedlichen Kulturen und Religionen in der Schule vertreten sind« (Religionslehrer an einer Berufsbildenen Schule).
> »Soweit sollte es noch kommen, dass wir kein Schweinefleisch in der Schule mehr anbieten dürfen wegen der paar muslimischen Schüler« (Lehrer an einer Grundschule).
> »Religion ist reine Privatsache. In der Schule hat das wirklich keinen Platz« (Schulleitung an einem Gymnasium).

Die Vielfalt an Religionen löst in einer Schule unterschiedliche Reaktionen aus. Sie können als Bereicherung gesehen werden oder aber auch als Störfaktor, der den komplexen Schulalltag weiter verkompliziert. Wie Religion und religiöse Vielfalt in der Schule vorkommen dürfen, ist mit unterschiedlichen Einstellungen und Erwartungen verknüpft. Im Umgang mit Religionen kann deutlich werden, wie miteinander gelebt und gelernt wird und welche Haltungen und Grundannahmen das gemeinsame Tun bestimmen. Jede Schule entwickelt für sich eine Schulkultur, in der sich grundlegende Annahmen über das Zusammenleben, über das Menschenbild, aber auch über Religionen und Weltanschauungen zeigen. Diese beeinflussen das Schulleben ebenso wie das Geschehen im Unterricht.

3.1 Was meint »Kultur«?

Es gibt unterschiedliche Kulturmodelle und Definitionen. Dabei finden unterschiedliche Faktoren Berücksichtigung: beobachtbare Verhaltensweisen, das Klima als das Grundgefühl in einer Gruppe, Rituale und Feierlichkeiten, gewählte Werte und Gruppennormen, die Philosophie einer Gruppe, das Selbstbild etc. (Schein & Schein 2018, 3–4).

Für die Auseinandersetzung mit der Schulkultur wird auf das Kulturmodell von Edgar Schein zurückgegriffen, da dies für den Schulkontext und die Schulentwicklung wesentliche Differenzierungen einbringt:

> »Die Kultur einer Gruppe kann als die Ansammlung gemeinsamen Lernens dieser Gruppe definiert werden [...]. Diese Summe von Gelerntem stellt ein Muster oder System von Überzeugungen dar, von Werten und Verhaltensregeln, die als so grundlegend empfunden werden, dass sie schließlich aus der Bewusstheit verschwinden« (Schein & Schein 2018, 5).

Kultur ist immer stabil und dynamisch zugleich: Kultur impliziert ein gewisses Maß an Stabilität in der Gruppe. Sie bleibt bestehen, auch wenn Mitglieder die Gruppe verlassen. Gleichzeitig kann Kultur gestärkt oder verändert werden, indem neue Überzeugungen, Werte und Normen in die Gruppe eingebracht werden. Kultur ist der tiefste, oft unbewusste Teil einer Gruppe und daher wenig unmittelbar greifbar und sichtbar. Wenn sich eine Kultur entwickelt hat, deckt sie das gesamte Funktionieren einer Gruppe ab. Sie ist allgegenwärtig und beeinflusst alle Aspekte. Kultur integriert Rituale, Gruppenklima, Werte und Verhaltensweisen zu einem kohärenten Ganzen. Nichtsdestotrotz können sich auch Subkulturen ausbilden.

3.2 Die Kultur der Schule

Im Kulturmodell von Edgar Schein (2010) werden drei Ebenen benannt, anhand derer die Kultur einer Schule analysiert werden kann.

1. Die erste Ebene beinhaltet alle Phänomene, die sicht-, hör- und fühlbar sind, wenn man einer Gruppe begegnet (Ebene der Artefakte). Im Kontext Schule zählen hierzu u. a. die verwendete Sprache, die Arbeitsweisen und Rituale, die Kleidung aller Beteiligten, veröffentlichte Dokumente mit prägenden Werten, die Feste oder die materielle Ausstattung in einer Schule. Diese Artefakte sind einfach zu beobachten, bleiben aber interpretationsbedürftig.
2. Die zweite Ebene beinhaltet Gebote, Verbote, Verhaltensrichtlinien und Tabus in einer Schule (Ebene der Werte und Normen). Diese sind z. T. bewusst, ja explizit artikuliert. Von diesen Werten und Normen lässt sich auch auf grundlegende Annahmen schließen, die häufig nicht bewusst sind und das Verhalten der Mitglieder der Schulgemeinschaft mit beeinflussen. In der Schule sind dies beispielsweise neben einer verlautbarten Schulordnung nicht offen kommunizierte Verhaltensnormen, die das Verhalten in der Schule regeln.

3. Die dritte Ebene beinhaltet Annahmen über die Außenwelt, das Menschenbild und die grundlegenden Überzeugungen und Haltungen (Ebene der grundlegenden Annahmen). Diese sind häufig implizit und steuern als zugrunde liegende Normen das Verhalten der Organisationsmitglieder. Die Kultur einer Gruppe besteht in ihren gemeinsamen, grundlegenden Annahmen. Erkennbar werden diese in den sichtbaren Phänomenen (Ebene 1) und den gemeinsamen Werten, Normen und Verhaltensregeln (Ebene 2). Nachhaltige Veränderungen in Bildungsinstitutionen finden statt, wenn diese auf der Ebene der grundlegenden Annahmen erfolgen. Dies ist ein langfristiger, zeitintensiver Prozess, der bei den Beteiligten auch Widerstände provozieren kann.

3.3 Umgang mit religiöser Vielfalt

Wie auf der Ebene der grundlegenden Annahmen Religion und religiöse Vielfalt gesehen werden, ob diese wertgeschätzt oder abgelehnt werden, beeinflusst die Ebene der Werte und Normen sowie die Ebene der sichtbaren Phänomene. Werden Religion und religiöse Vielfalt wertgeschätzt, wie sich dies in der Grundhaltung »*Das Tollste an der Schule ist, dass so viele Schüler*innen aus unterschiedlichen Kulturen und Religionen in der Schule vertreten sind*« zeigt, wird sich dies in der konkreten Gestaltung des Umgangs mit Vielfalt zeigen. Wird hingegen befürchtet, dass Vielfalt zu Veränderungen beiträgt, die skeptisch gesehen werden (»*Soweit sollte es noch kommen, dass wir kein Schweinefleisch in der Schule mehr anbieten dürfen wegen der paar muslimischen Schüler*«) oder wird Religion generell kein Platz zugestanden (»*Religion ist reine Privatsache. In der Schule hat das wirklich keinen Platz*«), wird dies andere Umgangsweisen nach sich ziehen.

Wie unterschiedliche Religionen und Weltanschauungen in der Schule vorkommen und in der Schule einen Ausdruck finden dürfen, wirkt sich beispielsweise auf die Erkennbarkeit von Religion und religiöser Vielfalt in religiösen Symbolen [Zeichen/Symbole, ▶ Kap. 6] oder der Kleidung [Kleidung, ▶ Kap. 9] aus. Auch die terminlichen Planungen des Schuljahres (Exkursionen, Tests etc.) unter Berücksichtigung der Festtage verschiedener religiöser Traditionen, die konkrete Ausgestaltung von Festen [Feiern, ▶ Kap. 7], Schulregeln oder Formen von Kommunikation und Streitkultur [Konfliktfall Religion, ▶ Kap. 12] sind davon beeinflusst, wie religiöse und weltanschauliche Vielfalt in der Schule vorkommen dürfen.

Für die Gestaltung von Schulkultur hinsichtlich Religion bedeutet dies die Herausforderung, sich mit den grundlegenden Annahmen über Religion und religiöse Vielfalt in der Schule auseinanderzusetzen. Dadurch wird nicht nur die gegenwärtige Schulkultur sichtbar, sondern es können auch gewünschte Veränderungen nachhaltig angegangen werden.

3.4 Unterrichtskultur

Die in der Schule entwickelte Schulkultur beeinflusst auch das Geschehen im Unterricht, da die Schulsituation den »kollektiven« Bezug des Unterrichts bildet (Giesecke 2005, 156). Unterrichtskultur kann als Subkultur in der Schule betrachtet werden, die von der Schulkultur beeinflusst, aber nicht mit dieser identisch ist und sich von dieser unterscheiden kann. Wie die Kultur der Schule kann auch die Unterrichtskultur in drei Ebenen ausdifferenziert werden. Eine besondere Bedeutung im Unterricht kommt der Lehrperson mit ihren Einstellungen und Haltungen zu. Wenn Schüler*innen von Lehrpersonen als kompetente, selbstverantwortliche Menschen gesehen werden (grundlegende Annahmen), lässt dies die konkrete Unterrichtsgestaltung (Ebene der Artefakte und Ebene der Werte und Normen) anders aussehen als wenn Lehrkräfte Schüler*innen als unselbständige, nicht interessierte Menschen einschätzen. Dies gilt ebenso für den Umgang mit unterschiedlichen Religionen. Wie

Lehrpersonen mit der Vielfalt in der Klasse umgehen, zeigt sich in konkreten Formen des Unterrichtens: Wie werden Personen angesprochen, welche Inhalte werden welchen Schüler*innen angeboten, wie erfolgt Differenzierung in der Klasse, welche Methoden werden eingesetzt, wie wird miteinander kommuniziert etc.? All dies sind Aspekte, die Ausdruck einer Unterrichtskultur sind. Die (religiöse) Vielfalt im Klassenraum anzuerkennen, kann grundlegende Basis für eine Unterrichtskultur sein, die versucht, den einzelnen Schüler*innen – auch in ihrer religiösen und weltanschaulichen Verschiedenheit – bestmöglich gerecht zu werden.

3.5 Vision einer Kultur der Anerkennung

Für eine solche Schul- und Unterrichtskultur kann die Vision einer Kultur der Anerkennung der Schüler*innen in ihrer Unterschiedlichkeit leitend sein. Dabei werden Personen vor jeder Leistung gewürdigt. Dies beeinflusst, wie das Schulleben und der Unterricht gestaltet wird, wie in der Schule kommuniziert wird, welche Reflexions- und Veränderungsprozesse zugelassen werden und wie mit Konflikten umgegangen wird (Krobath & Jäggle 2011, 4). Ungerechtigkeiten und Machtverhältnisse, die in der Schule und im Unterricht gegeben sind, gilt es mitzubedenken und zu versuchen, diese bewusst wahrzunehmen und zu verringern. Wissen sich Schüler*innen in ihrer Unterschiedlichkeit anerkannt, können sie sich sicher und zugehörig fühlen. In der Konsequenz heißt dies, Personen nicht auf gewisse Merkmale, Zugehörigkeiten und Einstellungen festzuschreiben (Mädchen – Junge; schlechte*r – gute*r Schüler*in; Muslim*in – Christ*in etc.), sondern immer wieder Möglichkeiten unterschiedlicher Ein- und Zuordnung zu verschiedenen Haltungen und Gruppen zu eröffnen [Diskriminierung, ▸ Kap. 4].

3.6 Haltung der Kooperation

Eine grundlegende Frage hierbei ist, ob der Umgang miteinander durch Kooperation oder durch Konkurrenz geprägt ist. In einer Schul- und Unterrichtskultur der Konkurrenz gilt es, stark zu sein, keine Schwächen, keine Verletzlichkeiten zu zeigen, sich selbst von anderen abzuheben, andere Personen in den eigenen Schatten zu stellen. In einer Kultur der Kooperation hingegen sind Schüler*innen gemeinsam für Erfolge verantwortlich, können Verletzbarkeiten und Schwächen thematisieren und mit- und voneinander lernen. Die jeweilige Kultur zeigt sich auch im Umgang mit unterschiedlichen religiösen Einstellungen: Werden diese in Konkurrenz zueinander gesehen, in der Sorge darum, dass durch die Anerkennung unterschiedlicher Religionen Privilegien verschwinden, Nachteile entstehen, bisherige Machtverhältnisse in Frage gestellt werden? Oder wird die Vielfalt von Religionen als Möglichkeit der Kooperation, als Lern- und Begegnungschance gesehen?

3.7 Schulentwicklung als Prozess

Um langfristige Veränderungen in Schulen zu erreichen, sind Schulentwicklungsprozesse zu initiieren. Schulentwicklung lässt sich als Zusammenspiel der drei Dimensionen Unterrichtsentwicklung, Personalentwicklung und Organisationsentwicklung definieren (Rolff et al. 2011, 14). Veränderungen von grundlegenden Annahmen, die prägend für eine Schulkultur sind, erfordern die Bereitschaft für einen Prozess, in den unterschiedliche Akteur*innen eingebunden sind, und einen langen Atem. Möglichkeiten der Partizipation von Personen, die mit der Schule verbunden sind, sowie zeitliche Ressourcen sind für einen Schulentwicklungsprozess essentiell.

3.7 Schulentwicklung als Prozess

Grundlegend für die Auseinandersetzung mit religiöser Vielfalt an einer Schule ist die Eröffnung von Kommunikations- und Reflexionsräumen zu diesem Thema, in denen eine strukturell organisierte, aber inhaltlich freie Auseinandersetzung erfolgen kann. Mögliche Themenbereiche und Vorgehensweisen können sein:

* Verständnis von Religion/religiöser Vielfalt in der Schule thematisieren: unterschiedliche Zugänge zum ambivalenten Phänomen Religion werden offen gelegt und über die Bedeutung von Religion für verschiedene Personen wird nachgedacht.
* Umgang mit (religiöser) Differenz in der Schule reflektieren: Formen des Umgangs mit (religiöser) Vielfalt in der Schule werden wahrgenommen, kritisch reflektiert und Zukunftsvisionen entwickelt.

> **Beispiel für einen Schulentwicklungsprozess**
>
> In der Lessing-Stadtteilschule in Hamburg wurde im Anliegen der Etablierung einer Schulkultur, in der alle Mitglieder der Schulgemeinschaft in ihrer Unterschiedlichkeit Anerkennung und Würdigung erfahren, eine extern moderierte Steuerungsgruppe etabliert. An dieser beteiligten sich die Schulleitung, Lehrkräfte, Eltern- und Schüler*innenvertretung. Daraus entstand ein interkulturelles Kompetenztraining für Schüler*innen und Lehrer*innen, das auf der Basis des Anti-Bias-Ansatzes angeboten wurde. Im Rahmen des Prozesses wurden außerdem Fortbildungen, Elternabende und Projekttage durchgeführt und Materialsammlungen erstellt. Nach zwei Jahren entschied sich das Lehrer*innenkollegium einstimmig dafür, das Anti-Bias-Projekt in die Ziel- und Leistungsvereinbarungen aufzunehmen und mit den Schüler*innen der Eingangsklassen durchzuführen. Ebenso wurden neue Lehrkräfte zu dieser Thematik fortgebildet. (Antidiskriminierungsstelle des Bundes 2019, 21)

3.8 Reflexionsfragen

- Welche ausgesprochenen und unausgesprochenen Schul- und Klassenregeln werden in der Schule gelebt? Welche Umgangsformen sind in der Klasse und im Unterrichtsgeschehen vorherrschend?
- Wie wird miteinander kommuniziert? Wer wird wie adressiert? Wer wird übersehen?
- Wie erfahren Schüler*innen in der Schule, dass sie in ihrer (religiösen) Unterschiedlichkeit wertgeschätzt sind? Wo wird dies konkret für Schüler*innen erkennbar?
- Welche Formen der Demütigung gibt es in der Schule? Inwiefern spielen hier auch (religiöse) Zugehörigkeiten eine Rolle?
- Wie wird mit religiöser und weltanschaulicher Vielfalt in der Schule bzw. im Unterricht umgegangen (Alltag, Schulleitbild)? Was war bisher erfolgreich, was nicht?
- Inwiefern haben alle Mitglieder der Schulgemeinschaft Mitbestimmungs- bzw. Mitgestaltungsrecht, wenn es um die Etablierung und Entwicklung einer Schul- und Unterrichtskultur geht?

Literatur

Antidiskriminierungsstelle des Bundes (2019): Diskriminierung an Schulen erkennen und vermeiden. Berlin.

Giesecke, Hermann (2005): Wie lernt man Werte? Grundlagen der Sozialerziehung. Weinheim-München: Juventa.

Krobath, Thomas & Jäggle, Martin (2011): Schulentwicklung und Religion. Auf dem Weg zu einer Kultur der Anerkennung. In: Begegnung und Gespräch 162 (3).

Rolff, Hans-Günter/Buhren, Claus G./Lindau-Bank, Detlev & Müller, Sabine (2011): Manual Schulentwicklung. Handlungskonzept zur pädagogischen Schulentwicklungsberatung (SchuB) (4., neu ausgest. Aufl.). Weinheim/Basel: Beltz.

Schein, Edgar H. (2010): Organizational Culture and Leadership (4. Aufl.). San Francisco: Jossey-Bass.

Schein, Edgar H. & Schein, Peter (2018): Organisationskultur und Leadership (5. Aufl.). München: Verlag Franz Vahlen.

4

Religiöse Diskriminierung

»Die Prüfung für einen jüdischen Studenten fällt auf Yom Kippur, den wichtigsten jüdischen Feiertag im Jahr. Der Student bittet seinen Professor, den Prüfungstermin für ihn zu verschieben, um mit seiner Familie und seinen Freunden diesen Feiertag gemeinsam begehen zu können. Der Professor zeigt keinerlei Verständnis bzw. Empathie für das Anliegen seines Studenten und weigert sich, die mündliche Prüfung auf einen anderen Tag zu verschieben« (Initiative für ein diskriminierungsfreies Bildungswesen 2018, 32).

Lehramtsstudierende bewerten das gleiche Diktat. Einem Teil wurde gesagt, dass das Diktat von Max geschrieben wurde, dem anderen Teil, dass es von Murat geschrieben wurde. Für die gleiche

> Leistung erhielt Murat im Schnitt eine schlechtere Note (Bonefeld/ Dickhäuser 2018).
> »›... die auf der Förderschule ...‹ ›Wir (in Deutschland) und die Muslime ...‹ ›Als Junge macht man das nicht.‹ ›Die Dame mit Kopftuch dahinten.‹ ›Woher kommst du wirklich?‹« (Foitzik/Holland-Cunz/Riecke 2019, 47).

Schule hat die Aufgabe, junge Menschen zu fördern und zu ihrer Entwicklung und Entfaltung beizutragen, dennoch machen nicht wenige Heranwachsende auch in der Schule Diskriminierungserfahrungen. Benachteiligungen können aufgrund von Hautfarbe, Geschlecht, Ethnizität, Kultur, Sprache und Dialekt, sozioökonomischem Status, Herkunft, Alter, Nationalität, Herkunftsland, Religion, sexueller Orientierung, Familienstand oder Behinderung erfolgen (Reich 2012, 40). Diskriminierendes Verhalten in Schulen kann für betroffene Schüler*innen eine negative Selbstachtung oder Selbststigmatisierung und eingeschränkte Partizipationsmöglichkeiten an gesellschaftlichen Handlungsmöglichkeiten zur Folge haben. Diskriminierungserfahrungen zu reflektieren kann ungewohnt sein, weil diese häufig nicht bewusst sind und sich eine Notwendigkeit nicht aufdrängt. Für das Selbstverständnis des Individuums und für den Schutz von Gruppen ist dies aber wesentlich. Auch aus rechtlichen Gründen kommt der Institution Schule Verantwortung zu, sich gegen Diskriminierungen einzusetzen, wie es grundlegend die Menschenrechte, aber auch das (Allgemeine) Gleichbehandlungsgesetz und die jeweiligen Landesschulrechte einfordern.

4.1 Was ist Diskriminierung?

Diskriminierung ist ein vielschichtiges und komplexes Phänomen. Bei Diskriminierungen werden zwischen (teilweise konstruierten) Gruppen Hierarchien hergestellt und so begründet, dass Menschen ausgegrenzt und benachteiligt werden (Foitzik 2019, 12).

> »Von sozialer Diskriminierung wird gesprochen, wenn einer Person allein aufgrund ihrer Zugehörigkeit zu einer bestimmten Gruppe und unabhängig von individuellen Eigenschaften und Fähigkeiten bestimmte positive Dinge vorenthalten oder negative Dinge zugefügt werden« (Petersen/Six 2020, 18).

In jeder zwischenmenschlichen Interaktion spielen Hierarchien und Dominanzverhältnisse, Machtasymmetrien, Status, Privilegien und Marginalisierungen eine Rolle. Neben bewusst initiierten Diskriminierungen tauchen auch solche ohne bewusste Absicht auf, wie sie aus dem »Normalvollzug« gesellschaftlicher, ökonomischer und politischer Strukturen resultieren. Sie fallen deshalb oft nicht auf, weil sie in das Selbstverständnis der Schulen übergegangen sind. Umso mehr bedürfen sie pädagogischer Aufmerksamkeit.

Unterschieden werden kann zwischen einer unmittelbaren und einer mittelbaren Diskriminierung. Bei einer unmittelbaren Diskriminierung erfährt eine Person aufgrund ihrer Merkmale oder (vermeintlichen) Gruppenzugehörigkeit eine ungünstigere Behandlung als eine Vergleichsperson. Beispielsweise erhält die Person A bei gleicher Leistung eine schlechtere Note als Person B. Bei einer mittelbaren Diskriminierung werden durch scheinbar neutrale Verhaltensweisen, Vorschriften oder Regeln bestimmte Personen benachteiligt. Beispielsweise betrifft ein Verbot von Kopfbedeckungen besonders muslimische Schülerinnen, die ein Kopftuch tragen, oder jüdische Schüler, die eine Kippa aufsetzen etc. (Antidiskriminierungsstelle des Bundes 2019, 7).

Eine Unterscheidung lässt sich zudem noch zwischen einer individuellen, einer institutionellen und einer strukturellen Ebene treffen, wenngleich sich diese Ebenen nicht gänzlich voneinander trennen lassen. Auf der individuellen Ebene ist diskriminierendes Verhalten von Individuen im Blick, im schulischen Kontext also das Verhalten zwischen Schüler*innen oder zwischen Lehrer*innen und Schüler*innen. Auf der institutionellen Ebene wird das Handeln einer Organisation betrachtet: Regeln, Gesetze und Abläufe einer Schule können diskriminierend wirken, ohne dass dies den handelnden

4.1 Was ist Diskriminierung?

Personen bewusst ist (Gomolla & Radtke 2009, 19). Damit zusammenhängend umfasst die strukturelle Diskriminierung gesellschaftliche Strukturen wie beispielsweise Vorstellungen und Ideen, wie sie auch medial vermittelt werden.

> **Ebenen der Diskriminierung**
>
> *Diskriminierung auf individueller Ebene:* Diese bezieht sich auf das Verhalten zwischen Individuen. In der Schule sind dies häufig verletzende Erfahrungen zwischen Lehrer*innen und Schüler*innen oder zwischen Schüler*innen.
>
> *Diskriminierung auf institutioneller Ebene:* Hier ist das Handeln der Organisation für Diskriminierungen verantwortlich. Personen handeln nicht absichtlich diskriminierend, sondern Diskriminierungen finden auf Grund der Regeln, Gesetze, Praktiken und Abläufe der Institution statt.
>
> *Diskriminierung auf struktureller Ebene:* Diskriminierungen verfestigen sich in gesellschaftlichen, politischen und ökonomischen Strukturen und durchziehen alle Lebensbereiche.
>
> (Antidiskriminierungsstelle des Bundes 2019, 8; Foitzik 2019, 22–23)

Den zu Beginn angeführten Beispielen liegen vermutlich keine böswilligen oder diskriminierenden Absichten zugrunde, und trotzdem können die Aussagen oder Handlungen Betroffene verletzen und degradieren. Im ersten Beispiel der nicht verschiebbaren Prüfung wird aus dem »Normalvollzug« heraus keine Änderung angedacht. »Vieles scheint so ›normal‹, dass es für die Handelnden nicht als diskriminierende Handlung wahrgenommen wird« (Foitzik et al. 2019, 26). Im zweiten Beispiel führen gesellschaftliche und mediale Diskurse dazu, dass Lehrer*innen Kindern mit dem Namen »Murat« andere Fähigkeiten zuschreiben als Kindern mit dem Namen »Max«. Ebenso wird in der Aufzählung der kurzen Aussagen im dritten Beispiel das »Eigene« unreflektiert als »normal« gesetzt und davon Unterscheidendes als »Anderes« klassifiziert. Solche Unterscheidungen geben Ursachen für Diskriminierung ab.

Treffen unterschiedliche Diskriminierungsmerkmale, wie ethnische, religiöse Zugehörigkeit, Hautfarbe, Geschlecht etc., aufeinander, sodass eine getrennte Betrachtung nicht möglich ist, wird von »intersektionaler Diskriminierung« gesprochen (Walgenbach 2012, 11), was die Komplexität von Diskriminierungen verdeutlicht.

4.2   Erfahrungen von Diskriminierung

Diskriminierungserfahrungen sind für Kinder und Jugendliche eine ständige Herausforderung. Erfahren sich Schüler*innen als nicht zugehörig, fühlen sie sich als »anders« wahrgenommen und ausgegrenzt, kann das Folgen für sie haben: Sie übernehmen Teile der Zuschreibungen in ihr Selbstbild und entwickeln in der Folge angepasste Praxen. Emanzipieren sie sich aber von diesen Zuschreibungen, kann sich dies in widerständigem Verhalten äußern (Foitzik et al. 2019, 22). Diskriminierungen schränken Handlungsspielräume der betroffenen Personen ein, haben Einfluss auf das Selbst- und Weltverständnis und können Bildungslaufbahnen massiv beeinflussen. Erfahrungen von Diskriminierungen werden häufig nicht geäußert, auch können Schüler*innen nicht einfach nach diesen Erfahrungen gefragt werden. Es braucht einen bewussten Blick von Pädagog*innen auf mögliche Diskriminierungspraktiken in der Schule, um diese zu bemerken. Gesellschaftliche Machtverhältnisse, die sich in unmittelbaren Beziehungen zwischen Menschen und somit auch in der Schule manifestieren, gilt es aufmerksam zu durchleuchten. Religion ist ein hochsensibler Bereich. Wenn Zugehörigkeit zu einer bestimmten religiösen Tradition als ein wesentliches Diskriminierungsmerkmal erfahren wird, kann dies dazu führen, dass Schüler*innen versuchen, ihre Religion zu verschweigen, um Benachteiligungen auszuweichen. Diskriminierungen liegt häufig die Konstruktion von Gruppen zugrunde (»die Juden«, »die Muslime«). Mit homogenisierenden Zuschreibungen über »die Juden« oder »die Muslime« werden Personen zu einer einheitlichen Gruppe gemacht und spezifische Bilder konstruiert. Das soziale »Wissen« über »die Anderen« ist machtvoll. Den – häufig als unterlegen dargestellten – »Anderen« wird das überlegene »Wir« gegenübergestellt.

Zwei Formen von Diskriminierungen aufgrund von Religionszugehörigkeit werden hier benannt.

4.3   Antisemitische Diskriminierung

Die Geschichte des Judentums ist auch eine Geschichte vielfältiger Formen von Diskriminierung: So wurden jüdische Personen in der Vergangenheit »zu Repräsentanten des Bösen, des ewigen Fremden, der Macht, des Kapitalismus, des Liberalismus, des Sozialismus und der Schuld erklärt. Zugleich wurde ihre Identifikation, Kontrolle, Entfernung und Vernichtung als Erfordernis gesellschaftlicher Ordnung behauptet« (Schäuble 2017, 546). Noch immer sind Formen des Antisemitismus präsent. Im Rahmen einer europaweiten Befragung zum Antisemitismus meinen rund 50 Prozent der Befragten, dass Antisemitismus ein Problem in ihrem Land darstellt (European Commission 2018, 7). Die Leipziger Autoritarismus-Studie benennt, dass der Antisemitismus in Deutschland weit verbreitet ist. So stimmen etwa 10 % der Befragten traditionellen antisemitischen Aussagen ausdrücklich zu (Decker et al. 2018, 212). Diese Ergebnisse skizzieren das Meinungsklima, mit dem jüdische Personen konfrontiert sind. Es führt häufig auch dazu, in der Öffentlichkeit nicht als Jude/Jüdin identifiziert werden zu wollen, um Bedrohungen, Abwertungen oder Normalitätsstress zu vermeiden (Schäuble 2017, 556).

Unter Antisemitismus wird die strukturelle Diskriminierung sowie Feindschaft und Hass gegen Personen jüdischen Glaubens verstanden

4 Religiöse Diskriminierung

(Czollek et al. 2019, 110). Antisemitische Diskriminierung tritt in unterschiedlichen Formen auf: So werden bei religiösem Antisemitismus religiöse Begründungen angeführt (z. B. Juden tragen die Schuld am Tod Jesu), bei sozialem Antisemitismus die Abwertung als gesellschaftliche Gruppe (z. B. Bereicherung durch Geldgeschäfte), bei politischem Antisemitismus Machtfragen (z. B. angestrebte Übernahme der Weltherrschaft). Bei Formen des sekundären Antisemitismus können den Holocaust verleugnende Tendenzen oder Kritik an der Erinnerungskultur gegeben sein. Mit israelbezogenem Antisemitismus ist gemeint, dass dem Staat Israel das Existenzrecht abgesprochen wird (Perko 2020, 34–35). Antisemitische Sprach- und Argumentationsmuster umfassen alle Schichten der Gesellschaft und werden zunehmend als »neutral« wahrgenommen (Perko 2020, 37). Aufgrund der vielfältigen Formen, in denen Antisemitismus gegeben ist, ist es nicht immer einfach, diesen zu erkennen und entsprechend entgegenzuwirken.

4.4 Antimuslimische Diskriminierung

Auch die Diskriminierung von Muslim*innen hat historische Wurzeln und eine lange Tradition. Diese geht auf die Kreuzzüge des Mittelalters zurück, festigte sich im kolonialistischen Denken und ist seit den Anschlägen am 11. September 2001 neu entflammt (Benz 2017, 511). So wird »der Islam« immer wieder mit fundamentalistischen Strömungen oder gar mit terroristischen Gruppierungen gleichgesetzt. Der Begriff »Islam« wird als Gegenbegriff zum »christlichen Abendland« stilisiert, mit dem »radikalen Islamismus« gleichgesetzt und als »Feindbild einer aggressiven Bedrohung (›Islamisierung Europas‹)« dargestellt (Benz 2017, 511). »Die ausschließlich negative Charakterisierung der Angehörigen einer Minderheit, mit dem Etikett ›Muslime‹ benutzt die Religionszugehörigkeit – ohne Differenzierung ob die Religion praktiziert wird oder allenfalls zum kulturellen

Hintergrund der Person gehört – zur Stigmatisierung und folgt damit den historischen Mustern der Judenfeindschaft« (Benz 2017, 523). In einer Studie ergibt sich so für Deutschland der Eindruck, als würde »der Islam ebenso negativ beurteilt wie das Christentum positiv gesehen wird« (Pollack 2014, 23).

Diskriminierungen erleben Muslim*innen auf verschiedenen Ebenen. Es schlägt ihnen ein generelles Klima des Misstrauens entgegen und sie werden schnell unter Generalverdacht gestellt. Dies lässt sich sowohl in diversen politischen als auch medialen Diskursen beobachten.

4.5 Was tun angesichts von Diskriminierung?

Schule ist ein bevorzugter Ort für die Auseinandersetzung mit Diskriminierungen. Grundlegend für unterschiedliche Bemühungen ist das Ziel, Diskriminierung zu reduzieren, im Wissen, dass eine vollkommen diskriminierungsfreie Schule immer eine Vision bleiben wird. Zunächst sind Diskriminierungen zu identifizieren, aufzudecken und in einem nächsten Schritt sowohl Präventions- als auch Interventionsmaßnahmen anzubieten und diese auch zu institutionalisieren (Antidiskriminierungsstelle des Bundes 2019, 16). Folgende Aspekte können hierfür hilfreich sein:

- *Reflexion der eigenen Vorurteile und Einstellungen:* Wir alle haben Vorurteile. Wenn wir uns diese nicht bewusst machen, können sie zu Diskriminierungen führen. In unterschiedlichen Situationen können Entscheidungs- und Beurteilungsfehler passieren. Feedback von Kolleg*innen kann helfen, eigene Handlungsweisen kritisch anzufragen. Ebenso gilt es, Regeln und Routinen des eigenen Unterrichts auf mögliche Diskriminierungen hin zu untersuchen sowie auch subjektive Wertungen und Emotionen im Umgang mit anderen zu beachten.

4 Religiöse Diskriminierung

- *Entwicklung einer diskriminierungssensiblen Kultur der Schule:* Wie kann es gelingen, Diskriminierungen strukturell zu erschweren und gleichzeitig sensibel für Diskriminierungserfahrungen zu bleiben? [Schulkultur, ▶ Kap. 3] Durch Evaluierungen und regelmäßige Reflexionen im Team können Strukturen hinterfragt und weiterentwickelt werden. Hier können auch Selbstevaluationstools verwendet werden.
- *Entwicklungspotenziale der Schule erkennen und verfolgen:* Das Schärfen des Bewusstseins für Diskriminierungserfahrungen durch das Einbinden der gesamten Schulgemeinschaft kann dazu beitragen, Entwicklungspotenziale einer Schule zu erkennen. Eine Schule, die zu ihren Schwächen steht, diese benennt und an diesen wächst, ist entwicklungsfähig. Kritik, die an der Schule geübt wird, kann positive Impulse liefern.
- *Partizipationsmöglichkeiten schaffen:* Wie kann es gelingen, Personen gleichberechtigt am Schulleben teilhaben zu lassen? Personen, die Diskriminierungen ausgesetzt sind, sollen in Schulentwicklungsprozesse eingebunden werden, ohne für das Ergebnis verantwortlich sein zu müssen. Plattformen zu schaffen, in denen erlebte Diskriminierungen gehört werden, können einen wesentlichen Beitrag leisten.
- *Diskriminierungsbewusste Sprache entwickeln:* Auch Sprache beeinflusst das Bewusstsein, beispielsweise durch Verallgemeinerungen und Übertreibungen. Eine diskriminierungsbewusste Sprache versucht, stereotype Darstellungen und diskriminierende Begriffe zu vermeiden, setzt sich mit den in die Alltagssprache eingeschriebenen Diskriminierungen auseinander und versucht diese zu vermeiden (z. B. »durch den Rost fallen«, »bis zum Vergasen« etc.).
- *Auseinandersetzung mit Unterrichtsmaterialien und -inhalten:* Schulbücher oder Lernmaterialien auf Diskriminierungsrisiken hin zu befragen, kann sichtbar machen, wo das Material adaptiert oder Unterrichtsinhalte verändert werden müssen.
- *Thematisierung in Workshops und Unterrichtsstunden:* Gezielte inhaltliche Auseinandersetzungen zeigen, dass die Schule Diskriminierungspraktiken nicht übersehen möchte, sondern bereit ist, sich

auch mit schwierigen und sperrigen Themen zu beschäftigen und sich selbstkritisch befragt. Schüler*innen können sich in diesem Rahmen über ihre Handlungsmöglichkeiten und Rechte informieren und für Diskriminierungsrisiken sensibilisiert werden.
* *Fort- und Weiterbildung:* Möglichkeiten der Fort- und Weiterbildung für das Personal der jeweiligen Schule sowie Möglichkeiten der Supervision für Lehrer*innen können eine wichtige Unterstützung bieten, sensibel für Diskriminierung in der Schule zu werden und Möglichkeiten zu finden, wie Diskriminierungen reduziert werden können. Außerdem können (schul)rechtliche Maßnahmen in schweren Diskriminierungsfällen besprochen werden.

4.6 Reflexionsfragen

* Welche Gruppen sind in unserer Schule dominant, wer hat das meiste Mitspracherecht, wer trifft Entscheidungen und wer wird nicht gesehen, nicht gehört?
* Wer wird als Mitglied der Schule aufgenommen, wer wird abgelehnt?
* Wie sprechen wir in der Schule übereinander? Welche Gruppen werden benannt und wie wird über diese gesprochen?
* Wie werden in Büchern und Unterrichtsinhalten Personengruppen bezeichnet, was wird berichtet, wer ist repräsentiert, wer nicht?
* Wohin können sich Schüler*innen/Lehrer*innen wenden, wenn sie Diskriminierungen erfahren oder beobachten? Welche Unterstützung bekommen betroffene Personen?
* Welche Möglichkeiten gibt es in der Schule, auf Benachteiligungen/Diskriminierungen aufmerksam zu werden/machen?
* In welchen Bereichen können sich in unserer Schule diskriminierende Praktiken einschleichen (beispielsweise Feiern, Unterrichtsgestaltung, Aufnahme der Schüler*innen, Routinen, ...)? Welche können sich nachteilig auf einzelne Personen auswirken?

> **Praxisbeispiel: »AntidiskriminierungstrainerInnen am Comenius«, Comenius-Gymnasium, Deggendorf**
>
> »Jedes Schuljahr werden ca. 30 Schüler*innen mit Unterstützung externer Partner*innen zu Antidiskriminierungstrainer*innen ausgebildet. Die Ausbildung vermittelt Methoden für die Erstellung eigener Trainingseinheiten, die in Kleingruppen für die Entwicklung von Konzepten für Workshops mit einzelnen Klassen genutzt werden. Die ausgebildeten Schüler*innen führen die Workshops mit Mitschüler*innen und Lehrer*innen durch. Einmal pro Jahr wird gemeinsam mit der Schüler*innenvertretung ein Thementag für die gesamte Schulgemeinschaft (inkl. Eltern) organisiert. Die ausgebildeten Schüler*innen stehen auch als Ansprechpersonen, insbesondere für von Diskriminierung Betroffene, zur Verfügung.« (Antidiskriminierungsstelle des Bundes 2020, 15)

Literatur

Antidiskriminierungsstelle des Bundes (2019): Diskriminierung an Schulen erkennen und vermeiden. Praxisleitfaden zum Abbau von Diskriminierung in der Schule. Berlin.

Antidiskriminierungsstelle des Bundes (2020): Praxisbeispiele für schulische Antidiskriminierungsprojekte. Beiträge des Wettbewerbs »fair@school - Schulen gegen Diskriminierung«. Berlin.

Benz, Wolfgang (2017): Antiislamische Diskriminierung. In: Scherr, Albert/El-Mafaalani, Aladin & Yüksel, Emine (Hg.), Handbuch Diskriminierung (511–527). Wiesbaden: Springer VS.

Bonefeld, Meike & Dickhäuser, Oliver (2018): (Biased) Grading of Students' Performance: Students' Names, Performance Level, and Implicit Attitudes. Frontiers in Psychology, 9 (481).

Czollek, Leah Carola/Perko, Gudrun/Kaszner, Corinne & Czollek, Max (2019): Praxishandbuch Social Justice and Diversity. Theorien, Training, Methoden, Übungen (2., vollständig überarb. und erw. Aufl.). Basel: Beltz Juventa.

Decker, Oliver/Kiess, Johannes & Brähler, Elmar (2018): Antisemitische Ressentiments in Deutschland: Verbreitung und Ursachen. In: Decker, Oliver & Brähler, Elmar (Hg.), Flucht ins Autoritäre. Rechtsextreme Dynamiken in der Mitte der Gesellschaft. Die Leipziger Autoritarismus-Studie (179–216). Gießen: Psychosozial-Verlag.

European Commission (2018): Special Eurobarometer 484: Perceptions of antisemitism. Report 2018, 7.

Foitzik, Andreas (2019): Einführung in theoretische Grundlagen: Diskriminierung und Diskriminierungskritik. In: Foitzik, Andreas & Hezel, Lukas (Hg.), Diskriminierungskritische Schule. Einführung in theoretische Grundlagen (12–39). Weinheim-Basel: Beltz.

Foitzik, Andreas/Holland-Cunz, Marc & Riecke, Clara (2019): Praxisbuch Diskriminierungskritische Schule. Weinheim-Basel: Beltz.

Gomolla, Mechtild & Radtke, Frank-Olaf (2009): Institutionelle Diskriminierung. Die Herstellung ethnischer Differenz in der Schule (3. Aufl.). Wiesbaden: Springer VS.

Initiative für ein diskriminierungsfreies Bildungswesen (2018): Diskriminierung im österreichischen Bildungswesen. Bericht 2018. Wien. Online verfügbar unter: http://diskriminierungsfrei.at/wp-content/uploads/2019/06/IDB_Bericht2018.pdf [17.03.2022].

Perko, Gudrun (Hg.) (2020): Antisemitismus in der Schule. Handlungsmöglichkeiten der Schulsozialarbeit. Weinheim-Basel: Beltz-Juventa.

Petersen, Lars-Eric & Six, Bernd (2020): Stereotype, Vorurteile und soziale Diskriminierung. Theorien, Befunde und Interventionen (2., überarb. und erw. Aufl.). Weinheim-Basel: Beltz.

Pollack, Detlef (2014): Wahrnehmung und Akzeptanz religiöser Vielfalt in ausgewählten Ländern Europas: Erste Beobachtungen. In: Pollack, Detlef/Müller, Olaf/Rosta, Gergely/Friedrich, Nils & Yendell, Alexander, Grenzen der Toleranz: Wahrnehmung und Akzeptanz religiöser Vielfalt in Europa (13–34). Wiesbaden: Springer VS.

Reich, Kersten (2012): Inklusion und Bildungsgerechtigkeit. Standards und Regeln zur Umsetzung einer inklusiven Schule. Weinheim-Basel: Beltz.

Schäuble, Barbara (2017): Antisemitische Diskriminierung. In: Scherr, Albert/El-Mafaalani, Aladin & Yüksel, Emine (Hg.), Handbuch Diskriminierung (545–564). Wiesbaden: Springer VS.

Walgenbach, Katharina (2012): Intersektionalität - eine Einführung. Online verfügbar unter: http://portal-intersektionalitaet.de/theoriebildung/ueberblickstexte/walgenbach-einfuehrung/ [25.10.2021].

5

Elterngespräche

»Mit den Kindern kann man eh gut arbeiten. Das wirkliche Problem sind die Eltern« (Lehrer an einer Mittelschule).
»Eltern sind halt oft echt anstrengend. Grad wenn es um Religion in der Schule geht, wissen manche alles besser« (Lehrerin an einem Gymnasium).
»Bei dem Projekt haben sich die Eltern so engagiert, das war für alle bereichernd« (Lehrerin an einer Förderschule).
»Eine Mutter hat mir letztens genau erklärt, dass sie aus religiösen Gründen nicht möchte, dass ihr Sohn seinen Geburtstag feiert. Ebendieser Sohn möchte aber ein Geschenk zu seinem Geburtstag und bittet mich, den Wunsch der Eltern einfach zu ignorieren. Naja, ich

> wusste halt echt nicht, was ich jetzt machen soll« (Lehrerin an einer Grundschule).
> »›Eltern schießen übers Ziel hinaus‹ ›Lehrer fühlen sich sofort angegriffen‹« (Die Zeit 8/2017).

In der Schule wird nicht ausschließlich mit den Kindern gearbeitet und gelernt. Auch Eltern und Erziehungsberechtigten (im Folgenden kurz: Eltern) kommt eine wesentliche Bedeutung im Bildungsgeschehen zu. Der Bildungserfolg hängt stark von der Zusammenarbeit mit dem Elternhaus ab. Um Bildungsbenachteiligungen auszugleichen und Kinder zu fördern, ist die Mitwirkung der Eltern unabdingbar: je kleiner die Kinder sind, umso mehr. Nichtsdestotrotz wird die Zusammenarbeit mit Eltern von vielen Lehrpersonen als anstrengend und als Mehraufwand empfunden. Elterngespräche fordern im dichten und komplexen Schulalltag Zeit und sind häufig in unangenehmen Situationen wie angesichts von Motivationsproblemen oder Schwierigkeiten im Lern- oder Sozialverhalten gefordert. Es ist deshalb wenig überraschend, dass solche Elterngespräche von manchen Lehrpersonen als schwierig erachtet und nur ungern geführt werden. Auch hinsichtlich religiöser Themen bringen Eltern spezielle Wünsche oder Sorgen ein, die für Lehrpersonen manchmal nicht nachvollziehbar sind oder (pädagogisch) hinterfragt werden.

5.1 Herausfordernde Kooperation zwischen Lehrpersonen und Eltern

Der Wunsch nach Kooperation besteht grundsätzlich sowohl von Seiten der Lehrer*innen als auch der Eltern (Jäger-Flohr & Jäger 2009; Sacher 2012). Der Kooperation zwischen Schule und Elternhaus stehen allerdings einige Hindernisse im Weg wie die beruflichen und privaten Belastungen von Eltern und Lehrer*innen und der sich daraus ergebende Zeitmangel. Viele Lehrkräfte empfinden den Umgang mit Eltern als belastend, schwierig, teilweise auch beängstigend oder verunsichernd (»*Mit den Kindern kann man eh gut arbeiten. Das wirkliche Problem sind die Eltern*«). Lehrpersonen stellen sich Kooperation häufig so vor, dass Eltern an der Peripherie der Schule geduldet werden, wo sie als Hilfsarbeiter*innen fungieren (Ostermann 2016, 113), wie beispielsweise als Unterstützung bei Schulfesten. Sie erleben es als herausfordernd, wenn sich Eltern zu sehr in die Bildungsarbeit einmischen wollen und die pädagogische Arbeit hinterfragen (»*Eltern schießen übers Ziel hinaus* ›*Lehrer fühlen sich sofort angegriffen*‹«). Lehrer*innen möchten durch Elternarbeit entlastet und nicht belastet werden. Eltern wiederum meinen, dass Lehrpersonen ihre Arbeit häufig nicht ausreichend transparent machen und erleben die Hierarchie zwischen Pädagog*innen und Eltern als ausschließend. In ihrer Wahrnehmung nehmen sich die Lehrer*innen keine Zeit für sie oder sie fühlen sich nicht eingeladen, sich einzubringen. Ebenso sehen sie sich über gewisse Entscheidungen zu wenig informiert. Wie kann trotz der Vorwürfe auf beiden Seiten die Zusammenarbeit funktionieren? Und inwiefern spielt die Zusammenarbeit bezogen auf religiöse Einstellungen eine Rolle?

5.2 Gelingende Bildungspartnerschaft durch Kooperation

Eine kooperative und konstruktive Zusammenarbeit zwischen Lehrpersonen und Eltern ist für die Persönlichkeitsentwicklung der Kinder unverzichtbar. Im Sinne der religiösen Entwicklung des Kindes, wie für die Entwicklung des Kindes generell, ist ein Austausch mit den Eltern förderlich, um Kinder bestmöglich zu unterstützen. Dabei können auch der Lehrkraft problematisch erscheinende Auffälligkeiten und Entwicklungen thematisiert werden bzw. mit den Eltern über deren Einstellungen gesprochen werden.

»Elternarbeit« kann nur als Erziehungs- und Bildungspartnerschaft ihre volle Wirkung entfalten (Aich et al. 2017, 8). Eine qualitätsvolle Kooperation ist eine Frage der Haltung (Aich et al. 2017, 8). Bildungspartnerschaft beinhaltet, dass Eltern an der Gestaltung des Schullebens teilhaben und ihre Potenziale in die Schule einbringen können. Dies erfolgt mit dem Ziel, zu einer optimalen Förderung und Entwicklung der Kinder beizutragen. Grundlage hierfür ist die »Entwicklung und Pflege einer Willkommens- und Gemeinschaftskultur« (Sacher et al. 2019, 17) [Schulkultur, ▸ Kap. 3]. Es ist nicht notwendig, dass Eltern und Lehrpersonen sich sympathisch sind oder ähnliche (Welt-)Anschauungen haben. Vielmehr ist der gegenseitige Respekt für eine gelingende Bildungspartnerschaft wesentlich. Dies drückt sich u. a. darin aus, dass Eltern über das Bildungsprogramm beziehungsweise geplante Aktivitäten in der Schule informiert werden. Können sich Eltern in den Schulalltag einbringen und werden sie mit ihren Wünschen gehört, kann dies zu einem größeren Vertrauen in das Bildungsangebot der Schule führen und die Skepsis mancher Eltern gegenüber der Schule reduzieren.

Dies trifft auch auf religiöse Bildungsangebote in der Schule zu. Hier gilt es, Eltern zu informieren, wie diese Angebote in der Schule vorkommen, welche Zielsetzungen mit ihnen einhergehen und welche (unterschiedlichen) Möglichkeiten der Teilhabe es gibt. Bei religiösen Veranstaltungen Eltern einzuladen, daran teilzunehmen bzw. bei der konkreten Gestaltung mitzuwirken oder gegebenenfalls Ideen für religiöse Veranstaltungen einzubringen (beispielsweise bei einer Feier des Fastenbrechens im Monat Ramadan, der Feier einer Adventkranzsegnung etc.), verdeutlichen Bereitschaft und Offenheit, die religiösen Einstellungen der Familien ernst zu nehmen. Gerade wenn Eltern motiviert sind, kann deren Mitarbeit für die Schule ein Gewinn sein.

Bildungspartnerschaft findet sowohl in individuellem Kontakt, wie bei Elternsprechtagen, Elternsprechstunden, spontanen Gesprächen, Telefonaten, über schriftliche Mitteilungen oder bei Hausbesuchen, als auch mittels kollektiven Kontakten, wie bei Elternabenden, Eltern-

5 Elterngespräche

Lehrer*innen-Treffs, Elternstammtischen, schulischen Sonderveranstaltungen, über Elternrundschreiben, Schulwebsites, das elektronische Klassenbuch und die Möglichkeit zu Hospitationen, statt. Um eine Kooperation mit Eltern erreichen zu können, bedarf es der Aufmerksamkeit für folgende Punkte:

Stärkung des Vertrauens

Um gegenseitiges Vertrauen aufzubauen, sind Kontakte in möglichst unbeschwerter Weise sinnvoll. Wenn das wechselseitige Vertrauen gestärkt ist, kann dies eine gute und unterstützende Basis auch in schwierigen Gesprächssituationen sein.

»Schwierige Situationen in der Kommunikation und Kooperation zwischen Schule und Elternhaus lassen sich weitgehend vermeiden oder doch jedenfalls ein Stück weit entschärfen, wenn es gelingt, im Rahmen der Elternarbeit vertrauensvolle Beziehungen zwischen Eltern und Lehrkräften aufzubauen« (Sacher et al. 2019, 12).

Gute Bildungspartnerschaft braucht Zeit, um zu wachsen: Es braucht Möglichkeiten, einander kennenzulernen sowie eine wertschätzende Gesprächskultur zu entwickeln. Eine entgegenkommende Haltung der Lehrperson den Eltern gegenüber ist hierfür grundlegend.

Kooperative Haltung mit Blick auf das Wohl des Kindes

Grundlegend ist, dass sich Eltern und Lehrkräfte – selbst bei unterschiedlichen Auffassungen und Anforderungen – nicht als Konkurrent*innen, sondern als Partner*innen für die Bildung und das Wohl des Kindes wahrnehmen und aus dieser Haltung heraus Gespräche führen. Wenn Eltern darauf vertrauen können, dass die Schule am Wohl des Kindes interessiert ist und die – auch aus religiösen Gründen motivierten – Wünsche der Eltern respektiert sowie gemeinsam über Lösungen nachdenkt, werden andere Gespräche möglich sein, als

5.2 Gelingende Bildungspartnerschaft durch Kooperation

wenn Pädagog*innen sich als alleinige Expert*innen für die Kinder verstehen. Die Grundhaltung, mit der sowohl Pädagog*innen als auch Eltern in die Begegnungen gehen, beeinflusst wesentlich den Verlauf dieser Gespräche. Kann ein gemeinsames Anliegen verfolgt werden, ist dies die bestmögliche Unterstützung des Kindes.

> **Beispiel eines gelungenen Elterngesprächs**
>
> Eine Mutter möchte aufgrund ihrer kulturell-religiösen Einstellungen nicht, dass ihre 14-jährige Tochter Anika auf die Klassenfahrt mitfährt. Die Lehrperson erfährt dies über Anika, die sehr gerne an der Klassenfahrt teilnehmen möchte.
>
> Die Lehrkraft vereinbart mit der Mutter einen Termin, um zu besprechen, wie mit der Situation umgegangen werden kann. In dem Gespräch werden sowohl die Vorteile einer Klassenfahrt für Anika als auch die Sorgen der Mutter ausführlich diskutiert. Dabei nimmt die Lehrperson die Sorgen der Mutter ernst, benennt aber auch klar die pädagogische Bedeutung für das Mädchen, an der Klassenfahrt teilzunehmen. Außerdem schildert die Lehrperson den Ablauf der Klassenfahrt, sodass der Mutter einige grundlegende Ängste genommen werden können. Darüber hinaus wird, angeregt durch das Gespräch, noch ein Elternabend initiiert, bei dem sich alle Begleitpersonen der Klassenfahrt vorstellen und Eltern ihre Fragen und Bedenken vorbringen können.

Berücksichtigung unterschiedlicher Perspektiven für das Wohl der Kinder

Kommunikation und Kooperation funktionieren nur, wenn die Situation der handelnden Personen berücksichtigt wird. Hierfür braucht es die Bereitschaft, die Perspektive zu wechseln und sich auf die Sichtweise anderer Personen einzulassen (Sacher et al. 2019, 10–11). Dies gilt auch, wenn Eltern aufgrund von religiösen Einstellungen Forderungen und Wünsche stellen, die von Lehrpersonen nicht gleich oder überhaupt nicht nachvollzogen werden können. Nehmen sich Lehrpersonen auf der Grundlage einer respektvollen und wertschätzenden Haltung Zeit für die Perspektive der Eltern und hören sich die Argumente in Ruhe an, lässt sich möglicherweise dem Anliegen hinter den Sichtweisen der Eltern auf die Spur kommen und im Abwägen verschiedener Positionen eine gute – und vielleicht auch alternative – Lösung zum Wohl des Kindes suchen und finden.

Entscheidend ist, den Eltern nicht aus einer Dominanzhaltung heraus zu begegnen und ihre Überzeugungen von vornherein abzuwerten. Eltern können neue Aspekte einbringen, die für Schüler*innen oder die gesamte Schule Lernchancen eröffnen und bisherige Umgangsformen in Frage stellen können.

Auf einer Basis des Vertrauens und erlebter Wertschätzung können Eltern besser akzeptieren, wenn ihren Wünschen aus pädagogischen oder schulorganisatorischen Gründen nicht oder nicht zur Gänze entsprochen werden kann. Als zielführend kann es sich erweisen, die betroffenen Kinder ebenso einzubeziehen. Beispielsweise kann angesichts verschiedener Vorstellungen zum Umgang mit dem Geburtstag eines Kindes im schulischen Kontext besprochen werden, welche Vor- und Nachteile mit dem Feiern des Geburtstages verbunden sind. Davon ausgehend können Lösungen entwickelt werden, die für das Kind und die Eltern gleichermaßen passend und im schulischen Alltag integrierbar sind. Gespräche mit anderen Lehrpersonen, Inter- oder Supervisionen mit Personen, die nicht involviert sind, aber auch Gespräche mit der Schulleitung können das Entwickeln von Lösungen unterstützen [Konfliktfall Religion, ▶ Kap. 12].

Aktives Einbeziehen von Eltern

Für den Aufbau einer vertrauensvollen Beziehung können folgende Formen des Einbeziehens von Eltern berücksichtigt werden:

- Bewusste Einladung von Eltern zur Mitarbeit: Eltern werden konkret eingeladen, einen Beitrag zu Schulaktivitäten zu leisten.

5.2 Gelingende Bildungspartnerschaft durch Kooperation

Dies beinhaltet die Einladung, an religiösen Aktivitäten teilzunehmen bzw. diese mitzugestalten. Gleichzeitig braucht es auch niederschwellige Angebote (u. a. mit Blick auf sprachliche, finanzielle, zeitliche Ressourcen).

- Anlassunabhängige Gesprächsanlässe suchen: Wichtig sind Möglichkeiten, im Schulalltag mit Eltern unabhängig von konkreten Problemanlässen ins Gespräch zu kommen, wie beispielsweise beim Zur-Schule-Bringen oder Abholen der Kinder. Hier lassen sich Informationen über weltanschauliche und religiöse Einstellungen erfahren und in einem niederschwelligen Setting besprechen.

Beispiel einer gelungenen Elterneinbeziehung

Die 1. Klasse Grundschule plant einen »Buchstabennachmittag«, weil die Schüler*innen nun alle Buchstaben gelernt haben. An verschiedenen Stationen präsentieren die Kinder verschiedene Buchstaben und Buchstabenkombinationen, außerdem gibt es Spielmöglichkeiten und Verpflegung. An diesem Nachmittag helfen traditionellerweise verschiedene Eltern bei der Betreuung und Beaufsichtigung der Kinder mit. Die Klassenlehrerin fragt gezielt auch die Eltern der erst vor Kurzem ins Land gezogenen Melisa an. Die Mutter sagt tatsächlich zu, obwohl sie nur wenig Deutsch spricht. Die Beaufsichtigung übernimmt sie gemeinsam mit einer anderen Mutter, das klappt trotz gewisser Sprachbarrieren bestens. Bei einer nächsten Klassen-Aktivität wollen alle beteiligten Eltern – auch die Mutter von Melisa – wieder mithelfen.

Checkliste für Gespräche mit Eltern

Um zu einem vertrauensvollen Klima beitragen und selbst bei unterschiedlichen Einstellungen (u. a. aufgrund von religiösen Einstellungen) konstruktiv und wertschätzend zusammenarbeiten zu können, kann sich das Beachten folgender Punkte als hilfreich erweisen:

- Bewusstes Vergewissern, dass den Ausgangspunkt das gemeinsame Interesse am Wohl des Kindes bildet, nicht die unterschiedlichen weltanschaulichen oder religiösen Einstellungen von Eltern und Schule
- Einnehmen einer Grundhaltung der Kooperation und nicht der Konkurrenz zu den Eltern
- Signalisieren, dass Offenheit und Interesse am Gespräch besteht
- Interesse und Verständnis für unterschiedliche Sichtweisen mitbringen
- Offenheit, sich mit neuen Perspektiven auseinanderzusetzen und daraus auch lernen zu können
- Bereitschaft, sich auf die Suche nach alternativen, kreativen Umgangsformen zu begeben, die bisher an der Schule noch nicht umgesetzt wurden
- Klare und unmissverständliche Artikulation dessen, was nicht verhandelt werden kann (z. B. generelle Befreiung vom Turn-, Schwimmunterricht etc.)
- Orientierung an Grundlagen wertschätzender Gesprächsführung: Ich-Botschaften formulieren, aktives Zuhören – im Bemühen, das Anliegen des Gegenübers verstehen zu wollen, offene Fragen stellen, auf nonverbale Kommunikation achten

5.3 Reflexionsfragen

- Welche grundlegenden Einstellungen gegenüber Eltern in der Schule gibt es? Wie wird über Eltern gesprochen?
- Was wird im Kontakt mit den Eltern als bereichernd, was als beschwerlich angesehen?
- Bei welchen Themen dürfen Eltern mitreden und mitentscheiden, bei welchen Themen nicht? Warum?

- Inwiefern werden mit Eltern religiöse Themen besprochen? Was funktioniert gut, was ist schwierig?
- Welche Möglichkeiten und Angebote gibt es, mit Eltern sowohl in unbeschwerten Situationen als auch in der Gestaltung von schulischen Aktivitäten zusammenzuarbeiten und ein Vertrauensverhältnis aufzubauen?
- Was können Gründe sein, warum Eltern an angebotenen Aktivitäten nicht teilnehmen (beispielsweise sprachliche Barrieren, finanzielle, zeitliche Ressourcen)? Welche Angebote können unter Berücksichtigung dieser Aspekte neu gesetzt werden?

Literatur

Aich, Gernot/Kuboth, Christina/Gartmeier, Martin & Sauer, Daniela (Hg.) (2017): Kommunikation und Kooperation mit Eltern. Weinheim: Beltz.

Jäger-Flor, Doris & Jäger, Reinhold S. (2010): Bildungsbarometer zur Kooperation Elternhaus-Schule 4/2009. Ergebnisse, Bewertungen und Perspektiven. Landau: VEP Verlag Empirische Pädagogik.

Ostermann, Britta (2016): Erziehungs- und Bildungspartnerschaft zwischen Elternhaus und Schule. Eine kommunikative Herausforderung? Weinheim/Basel: Beltz.

Otto, Jeanette & Schoener, Johanna (2017, 16. Februar): »Eltern schießen übers Ziel hinaus« »Lehrer fühlen sich sofort angegriffen«. In: Die Zeit, Nr. 8. Online verfügbar unter: https://www.zeit.de/2017/08/kinder-erziehung-eltern-schule-konflikt [17.3.2022].

Sacher, Werner (2012): Erziehungs- und Bildungspartnerschaften in der Schule: zum Forschungsstand. In: Stange, Waldemar/Krüger, Rolf/Henschel, Angelika & Schmitt, Christof (Hg.), Erziehungs- und Bildungspartnerschaften. Grundlagen und Strukturen von Elternarbeit (232-243). Wiesbaden: Springer VS.

Sacher, Werner/Berger, Fred & Guerrini, Flavia (2019): Schule und Eltern – eine schwierige Partnerschaft. Wie Zusammenarbeit gelingt. Stuttgart: Kohlhammer.

6

Religiöse Zeichen und Symbole

»Es ist ganz einfach so, dass Kreuze bei uns in den Klassenzimmern sind. Das ist historisch gewachsen. Kreuze sind in Mitteleuropa Teil des Kulturguts. Auch die Muslime haben da kein Problem damit« (Lehrerin an einer Mittelschule mit Schüler*innen verschiedener religiöser Bekenntnisse).

»Diese T-Shirts der Schüler*innen mit so provozierenden Aufschriften: Das geht gar nicht!« (Lehrer an einem Gymnasium)

»Also als offen sichtbares religiöses Symbol gibt es an unserer Schule nur das Kopftuch« (Schulleiterin an einer Mittelschule mit Schüler*innen verschiedener religiöser Bekenntnisse).

6.1 Weltanschauliche Symbole in der Schule

Öffentliche Schulen im deutschsprachigen Raum sind prinzipiell säkulare Räume. Religionen sind in ihnen präsent, weil sie etwas Wertvolles zum politischen Diskurs und zur Gestaltung von Gesellschaft beitragen können. Das unterscheidet sie von laizistischen Staaten wie Frankreich (Di Fabio 2013, v. a. 4–7; Steinberg 2017, v. a. 157–158). Dass religiöse Zeichen und Symbole (in der Folge kurz: Symbole) in der Schule sichtbar werden, wird allerdings gesellschaftlich kontroversiell diskutiert. Dabei geht es wesentlich um die »Spannung zwischen einer [Religionen] ›ausgrenzenden‹ und einer ›hereinnehmenden‹ Neutralität des Staates« (Potz/Schinkele 2017).

Besonders heftig entzündet sich die Diskussion immer wieder am Kreuz im Klassenzimmer. In Regionen, in denen ein Kreuz bei einer Mehrheit christlicher Schüler*innen in den Klassen gesetzlich vorgesehen ist, wird dies gleichermaßen kritisiert wie verteidigt. Kritiker*innen führen dabei die Neutralität des Staates und die plurale Zusammensetzung der Schulgemeinschaft als Argument an; Verteidiger*innen kontern, dass das Kreuz in diesem Kontext weniger als ein religiöses, denn als ein kulturelles Zeichen zu verstehen sei (Sternberg 2013; Schulten 2019, 166–168, 171–173). Eine solche Deutung impliziert häufig ein statisches und abgrenzendes Kultur- und Religionsverständnis: die Zugehörigkeit zu »dem Christentum« wird mit »dem Abendland« gleichgesetzt und eine Abgrenzung gegenüber »dem Orient« – und damit zugezogenen Menschen aus diesem Raum und dem Islam – vorgenommen. Diesem Verständnis wohnt ein hohes Konflikt- und Diskriminierungspotenzial inne [Diskriminierung, ▶ Kap. 4].

Weltanschauliche und religiöse Symbole sind im Schulkontext darüber hinaus über die Mitglieder der Schulgemeinschaft präsent, die diese ein- und mitbringen, wie beispielsweise eine Kette oder Armband mit einem Kreuz oder einem Peace-Zeichen, eine Chamsa (Symbol der schützenden Hand) oder eine Mondsichel als Anhänger oder ein Schal mit einem antifaschistischen Zeichen etc.

Auch problematische Symbole wie faschistische Symbole können durch Personen in die Schule eingebracht werden. Sind sie verboten, wie dies in verschiedenen Ländern der Fall ist, werden sie oft »indirekt« oder durch sich neu etablierende Symbole eingeschleust (eine umfassende Sammlung rechtsextremer Symbole bieten Bauer & Mernyi 2019).

Im schulischen Kontext immer wieder höchst umstritten sind durchaus erlaubte, aber auch gesellschaftlich divers konnotierte religiöse Symbole [Kleidung, ▶ Kap. 9].

6.2 Was sind Symbole?

Für den Philosophen Ernst Cassirer ist der Mensch ein »animal symbolicum« – ein symbolbildendes und symbolverwendendes Wesen. Nur über Symbole ist es dem Menschen demnach möglich, einen Bezug zur Wirklichkeit zu entwickeln (Cassirer 1990, 47–51). Das Charakteristische von Symbolen lässt sich anhand der etymologischen Bedeutung des Wortes »Symbol« verdeutlichen. Das zugrundeliegende griechische Wort »symballein« bedeutet »zusammenwerfen, [Getrenntes] zusammenfügen« (Becker 1998, 5). In der Antike war es üblich, Tontäfelchen in zwei Teile zu zerbrechen, die bei einem erneuten Zusammentreffen als Zeichen der Zusammengehörigkeit bzw. Nachweis der Rechtmäßigkeit der Vertragspartner wieder zusammengefügt wurden. In dieser Praxis wird auch der grundlegend kommunikative Sinn von Symbolen deutlich (Biehl 2001, 2076). Die sichtbaren Teile verweisen auf das nicht sichtbare größere Ganze. In Symbolen sind »das eine« und »das andere«, die Realität und das über diese Hinausweisende, das Sichtbare und das Unsichtbare, verbunden.

Diskursive Symbole übernehmen eine strikte Verweisfunktion, indem sie – wie Signale – auf etwas hinweisen, das außerhalb ihrer selbst liegt (z. B. Verkehrszeichen; Notausgangsschild). Ihre Funktionalität liegt in ihrer Eindeutigkeit (Tillich 1964, 213–215).

6.2 Was sind Symbole?

(Re-)Präsentative Symbole hingegen weisen auf das Bezeichnete nicht nur hin, sondern repräsentieren und vergegenwärtigen es. Sie beziehen sich nicht nur auf eine Wirklichkeit, die außerhalb ihrer selbst liegt, sondern haben selbst teil an ihr und können so nicht willkürlich erfunden werden. Sie eröffnen eine neue und andere Realität und zeichnen sich durch eine größere Offenheit aus. Ihnen wohnt immer eine Ambivalenz inne (Tillich 1986, 3–6; Dupré 2007, 11–15). Ein Esstisch in einer Familie ist in diesem Sinn nicht nur ein Hinweis auf den Ort der üblichen Nahrungsaufnahme, sondern auch auf die gemeinsamen Mahlzeiten, ja mehr noch auf die gemeinsame Geschichte – mit dem Miteinander und der geteilten Freude sowie den Streitigkeiten und den Tränen. Je nach Ausprägung dieser erlebten Geschichte wird dieser Tisch mit unterschiedlichen Gefühlen, Assoziationen und Erlebnissen in Verbindung gebracht. Nicht nur Gegenstände, auch Gesten und Handlungen, wie eine Umarmung, eine Menschenkette gegen Gewalt o. Ä. können zu Symbolen werden.

Merkmale von Symbolen

- Verweis-/Repräsentations- und Vermittlungscharakter: Symbole verweisen auf eine Bedeutung, die über das Materielle/Sichtbare hinausgeht
- Soziale Integration: (gemeinsame) Symbole leisten Identitätsstiftung und -vergewisserung – aber auch Abgrenzung
- Verständigung und Erinnerung: (gemeinsame) Symbole ermöglichen gemeinsame Bezugspunkte
- Geschichtliche und gesellschaftliche Einbettung: Symbole sind kontextuell sehr unterschiedlich ausgestaltet
- Erschließung tieferer Dimensionen der Wirklichkeit: Symbole ermöglichen, die Wirklichkeit in einer neuen Tiefe zu erfassen
- Ambivalente Bedeutung: Symbole können unterschiedlich, ja gegensätzlich aufgefasst werden

6 Religiöse Zeichen und Symbole

> • Verweis auf Zukunft: Symbole eröffnen neue Perspektiven
>
> (Zimmermann 2015, 4–5)

Religiöse Symbole bringen unterschiedliche Wirklichkeitsdimensionen zusammen: Profanes und Heiliges. Sie verweisen auf das Heilige. Der Mensch wird in die Erfahrung des Heiligen hineingezogen. Wie alle Symbole sind auch religiöse Symbole vieldeutig und schwer zu fassen, sodass keine einzelne rationale Interpretation ihre Bedeutung auszuschöpfen vermag (Tillich 1986, 6–12; Dupré 2007, 15–21). Dennoch gibt es Symbole, die bei aller Vieldeutigkeit und allen individuell unterschiedlichen Verständnisweisen in einer bestimmten, geteilten Grundausrichtung aufgefasst werden, wie beispielsweise das Kreuz für Christ*innen.

Eine Unterscheidung zwischen kulturellen und religiösen Symbolen ist nicht immer leicht zu treffen, da diese häufig nicht nur aus einer Außen-, sondern auch aus einer Binnenperspektive in unterschiedlicher Weise vorgenommen wird [Kleidung, ▸ Kap. 9].

In den verschiedenen religiösen Traditionen haben sich Symbole in sehr unterschiedlicher Weise ausgeprägt. So findet sich im Judentum und Islam kein analoges Zeichen zum christlichen Kreuz, das sowohl im privaten als auch im öffentlichen Raum präsent ist.

> **Symbole als Sprache der Religion**
>
> Eine Religionsgemeinschaft kann als definiertes Symbolsystem verstanden werden. Für Paul Tillich ist deshalb »das Symbol [...] die Sprache der Religion. Es ist die einzige Sprache, in der sich die Religion direkt ausdrücken kann« (Tillich 1964, 237).

6.3 Bedeutung und Wahrnehmung (religiöser) Symbole

Gruppen entwickeln Symbole, die das Gemeinsame zum Ausdruck bringen, Zusammengehörigkeit sichern und Identität stiften, gleichzeitig aber auch Abgrenzungen signalisieren. Symbole, die nicht sehr vertraut sind, werden umgekehrt aufgrund der jeweils persönlichen biographischen Prägung wie durch eine Brille aus der eigenen Perspektive wahrgenommen. Dabei kann es dann zu Stereotypenbildungen, Zuschreibungen und Etikettierungen gegenüber »fremden Symbolen« kommen (Sundermeier 1993, 159–166). Diese sind oft mit Abwertungen verbunden.

Für Christ*innen verweist das Kreuz als zentrales Erkennungs- und Bekenntniszeichen über das historische Faktum der Kreuzigung Jesu hinaus auf die Überwindung des Todes mit seiner Auferstehung. Es birgt das Geheimnis von Verletzbarkeit und Stärke bedingungsloser Liebe. Von Anders- und Nichtgläubigen wird es aber häufig als Ausdruck von Repression und Macht verstanden, weil es in der Geschichte, konträr zu dieser ersten Intention, auch in den Dienst genommen wurde, das Christentum mit gewaltvollen und brutalen Mitteln durchzusetzen.

Die Wirkmacht von Symbolen zeigt sich darin, dass sie nicht nur in der Kunst immer wieder aufgegriffen werden, sondern ebenso prägende Funktionen für öffentliche Räume einnehmen. Dies erklärt die Vehemenz, mit der Konflikte um Symbole und damit einhergehenden Einstellungen geführt werden (z. B. Streit um das Kreuz im öffentlichen Raum; Streit um zweisprachige Ortstafeln).

So erschweren oder verhindern Symbole oft gegenseitiges Verstehen, sei es aufgrund historisch begründeter Ambivalenzen, die damit in Zusammenhang gebracht werden, aufgrund von Vorurteilen oder aufgrund von Vereindeutigungspraktiken, die auf bestimmte, auch verkürzte Sichtweisen festlegen wollen. Dabei können gerade Symbole Verstehen ermöglichen, weil sie die Wirklichkeit auf einem besonderen Weg – nicht in erster Linie über Sprache oder Intellekt – zu erschließen helfen (Sundermeier 1993, 166–173).

6.4 Wie mit religiösen Symbolen in der Schule konstruktiv umgehen?

Schule als Lebens- und Entwicklungsraum für alle Mitglieder der Schulgemeinschaft zu verstehen, schließt Respekt und Anerkennung für deren Überzeugungen und Ausdrucksweisen mit ein. Präsenz von und Umgang mit religiösen Symbolen im Schulkontext verdienen besondere Aufmerksamkeit, weil mit ihnen nicht nur Menschen für sie Wesentliches zum Ausdruck bringen, sondern auch Macht- und Anerkennungsfragen über sie verhandelt werden.

Aufmerksamkeit für Potential von Symbolen

Aufgrund der Ambivalenz, die Symbolen prinzipiell innewohnt, und biographisch bedingter verschiedener Deutungsmöglichkeiten bergen sie Potential für Konflikte. Durch ihre identitätsstiftende Bedeutung für Gruppen können sie sowohl inkludierende als auch exkludierende Wirkung haben: Geteilte bzw. gemeinsam anerkannte Symbole können ein Gemeinschaftsgefühl ermöglichen und stärken, nicht geteilte oder nicht von allen als bedeutsam angesehene Symbole können zu Polarisierungen führen und Ausschlusstendenzen fördern.

In der Auseinandersetzung mit Symbolen liegt die Möglichkeit, gemeinsam über persönliche Werthaltungen, Einstellungen und Anliegen nachzudenken. Es bietet die Chance, eigene Haltungen zu reflektieren und andere besser verstehen und respektieren zu lernen. Mit einem manchmal geforderten Verbot von (gewissen) religiösen Symbolen im Schulkontext sind die damit verbundenen, durchaus diversen, Einstellungen der Mitglieder der Schulgemeinschaft nicht

6.4 Wie mit religiösen Symbolen in der Schule konstruktiv umgehen?

verschwunden, es rückt aber eine Gelegenheit zur Auseinandersetzung über diese in den Hintergrund.

Symbole als Gesprächsanlass

Im Lehrkörper und mit den Schüler*innen legt es sich nahe, eine Sensibilität für die an der Schule präsenten (religiösen) Symbole zu entwickeln und dazu miteinander ins Gespräch zu kommen: über Präsenz und Art der Zurschaustellung von Symbolen in der Schule, über deren Bedeutung und (exkludierende und inkludierende) Wirkung, über mögliche gewünschte Veränderungen oder Ergänzungen der aktuell vorzufindenden Symbole.

Darüber hinaus bieten Symbole, z. B. mittels konkreter Symbol-Bilder (Oberthür 2013), das Potential, über Wichtiges und Kostbares im eigenen Leben miteinander ins Gespräch zu kommen. Und davon ausgehend weiterführende Überlegungen anzustellen, wie dies zeichenhaft zum Ausdruck gebracht wird bzw. werden könnte.

Aus diesen Gesprächen kann sich ein bewusster Umgang mit den Symbolen in den einzelnen Klassen und der Schule entwickeln. Denkbar ist auch eine explizite Auseinandersetzung mit destruktiven und gefährlichen Symbolen.

Bewusste Gestaltung der Schulräume

Gemeinsam können eventuell auch Möglichkeiten entwickelt werden, für die Schüler*innen wichtige Symbole im Klassenraum oder in allen zugänglichen Schulräumen präsent zu machen. Die Vielfältigkeit der Schule und der sie prägenden Menschen wird so auch in der räumlichen Gestaltung sichtbar gemacht. Dies kann ein Beitrag dazu sein, dass die Schüler*innen die Schule als einen Ort erleben, in dem sie mit dem, was sie an religiösen und kulturellen Verortungen mitbringen, an- und ernstgenommen sind.

6 Religiöse Zeichen und Symbole

Projektskizze: Prägende Symbole im öffentlichen Raum

Im öffentlichen Raum finden sich verschiedene Symbole als Ausdruck weltanschaulicher und ideologischer Überzeugung. In einem fächerübergreifenden Zugang werden solche ›Statements‹ im öffentlichen Raum aufgespürt, decodiert und deren Bedeutung und Auswirkungen reflektiert.

- Religionsunterricht unterschiedlicher konfessioneller Prägung und Ethikunterricht: Erarbeitung prinzipieller Charakteristika von Symbolen (materielle Seite als Verweis auf Unsichtbares; prinzipielle Deutungsoffenheit); exemplarische Auseinandersetzung mit der Bedeutung von Symbolen für Gesinnungsgemeinschaften (Kreuz, Davidstern, Peace-Zeichen, Regenbogenfahne, Hammer und Sichel, Anarchie-Zeichen, Hakenkreuz, IS-Zeichen, White Power-Zeichen, Anti-Atomzeichen etc.)
- Deutsch: Aufmerksamkeitsschulung für die Bedeutungsvielfalt von Symbolen mittels der Auseinandersetzung mit unterschiedlichen literarischen Verarbeitungen, Gedichten und Reflexionen zu ausgewählten Symbolen
- Kunst: Konfrontation mit künstlerischer Verarbeitung von Symbolen in verschiedenen Stilrichtungen (Blauer Reiter, Marc Chagall etc.); Erarbeitung von Grundkenntnissen zu Graffiti und Kunst
- Geschichte, Sozialkunde und Politische Bildung: Auseinandersetzung mit Wirkmächtigkeit von Symbolen in verschiedenen zeitlichen Epochen und gesellschaftlichen sowie politischen Kontexten und deren Auswirkungen für Angehörige der Majorität/Minorität
- Geographie und Wirtschaftskunde: Aufmerksamkeit für Symbole im öffentlichen Raum; Erarbeitung von Grundkenntnissen zu Kartierung

Auf diesem Hintergrund werden in Kleingruppenarbeit Suchstrategien zu unterschiedlichen Symbolen innerhalb der Schule und im Ort entwickelt. Die gefundenen Symbole werden fotografiert, kartiert und beschrieben (Bildbeschreibung, Umgebungsbeschreibung, mögliche Deutungen) und in einer Plenumspräsentation vorgestellt.

Die Projektreflexion zielt nicht nur auf Bedeutung und Auswirkungen der einzelnen Symbole im öffentlichen Raum, sondern auch auf symbolische Prägungen und Wirkmächtigkeiten im konkreten Umfeld von Ort bzw. Schule.

(Anregungen aus: Jekel et al. 2017; Peter & Stockinger 2021)

6.5 Reflexionsfragen

- Welche (religiösen) Symbole finden sich an unserer Schule? Welche bringen die Mitglieder der Schulgemeinschaft in welcher Weise in die Schule ein (T-Shirts mit Aufschriften, religiöse bzw. kulturelle Schmuck- und Kleidungsstücke etc.)?
- Welche Symbole sind für wen wie wichtig? Wie (unterschiedlich) werden diese wahrgenommen? Welche Diskussionen gibt es über sie? Wie wird durch Symbole in unserer Schule Zugehörigkeit bzw. Exklusion vermittelt?
- Welche (religiösen) Symbole können in der Schule wie platziert werden, damit sich alle Mitglieder der Schulgemeinschaft willkommen wissen?
- Wie kann in den einzelnen Klassen bzw. der Schule insgesamt ein Gespräch über Bedeutung und Wertigkeit von (religiösen) Symbolen produktiv werden?
- Wie können Sensibilisierung für und kritische Auseinandersetzung mit Symbolen in den einzelnen Klassen bzw. der Schule gefördert werden?

Literatur

Bauer, Christa & Mernyi, Willi (2019): Rechtsextrem. Symbole. Codes. Musik. Gesetze. Organisationen (5., aktual. Aufl.). Wien: Verlag des öst. Gewerkschaftsbundes.

Becker, Udo (1998): Lexikon der Symbole. Freiburg i. Br.: Herder.

Biehl, Peter (2001): Symboldidaktik. In: Mette, Norbert & Rickers, Folkert (Hg.), Lexikon der Religionspädagogik. Bd. 2. (2074-2079). Neukirchen-Vluyn: Neukirchener Verlag.

Cassirer, Ernst (1990): Versuch über den Menschen. Einführung in eine Philosophie der Kultur. Frankfurt a. M.: S. Fischer.

Di Fabio, Udo (2013): Religiöse Zeichen in öffentlichen Räumen. In: engagement. Zeitschrift für Erziehung und Schule, (1), 3-9.

Dupré, Louis (2007): Symbole des Heiligen. Die Botschaft der Transzendenz in Sprache, Bild und Ritus. Freiburg i. Br.: Herder.

Jekel, Thomas/Lehner, Michael & Vogler, Robert (2017): »... das sind doch nur Lausbubenstreiche!«. Geographiedaktische Zugänge zum Umgang mit rechtsextremen Symbolen im öffentlichen Raum. In: GW Unterricht 146 (2), 5-18.

Oberthür, Rainer (2013): Die Symbol-Kartei. 88 Symbol- und Erzählbilder für Religionsunterricht und Gruppenarbeit (3. Aufl.). München: Kösel.

Peter, Karin & Stockinger, Helena (2021): Ein gemeinsamer Raum gewinnt Gestalt. In: KatBl 146 (4), 276-279.

Potz, Richard & Schinkele, Brigitte (2017, 19. Jänner): Kopftuch und Kreuz im Klassenzimmer. In: Die Furche, Nr. 3, 14.

Schulten, Markus (2019): Religion oder Tradition? Religionsverfassungsrechtliche Aspekte zur aktuellen Diskussion um das Kreuz in öffentlichen Einrichtungen. In: Kirche und Recht, 25 (2), 161-183.

Steinberg, Rudolf (2017): Religiöse Symbole im säkularen Staat. Kann das multireligiöse Deutschland von der französischen laïcité lernen? In: Der Staat, 56, 157-192.

Sternberg, Thomas (2013): Das Kreuz – religiöses oder kulturelles Symbol? Über Kreuze in öffentlichen Gebäuden. In: engagement. Zeitschrift für Erziehung und Schule, (1), 19-28.

Sundermeier, Theo (1993): Den Fremden verstehen. Eine praktische Hermeneutik. Göttingen: Vandenhoeck & Ruprecht.

Tillich, Paul (1964): Die Frage nach dem Unbedingten. Gesammelte Werke 5. Schriften zur Religionsphilosophie. Berlin/New York: De Gruyter.

Literatur

Tillich, Paul (1986): Symbol und Wirklichkeit. Nachwort von Joachim Ringleben (3., erg. Aufl.). Göttingen: Vandenhoeck & Ruprecht.

Zimmermann, Mirjam (2015): Symboldidaktik. In: Das wissenschaftlich-religionspädagogische Lexikon im Internet (WiReLex). Online verfügbar unter: https://www.bibelwissenschaft.de/fileadmin/buh_bibelmodul/media/wirelex/pdf/Symboldidaktik__2018-09-20_06_20.pdf [14.07.2021].

7

Gemeinsames Feiern in der Schule

»*Das Weihnachtsliedersingen ist fix im Programm. Da hat sich noch nie jemand aufgeregt. Im Gegenteil: Es ist immer ein großes Fest. Die schöne Stimmung wird von allen geliebt*« (Schulleiterin einer Mittelschule mit Schüler*innen verschiedener religiöser Bekenntnisse).

»*Ich muss schon ehrlich sagen: Wir singen bei den Feiern in der Schule keine muslimischen Lieder. Wahrscheinlich ist auch niemand aus unserem Kollegium in der Lage, diese Lieder mit den Kindern einzustudieren*« (Schulleiterin an einer Grundschule mit Kindern verschiedener religiöser Bekenntnisse, die größte religiöse Gruppe sind Muslime).

»Nein, die Gestaltung des Jahreskreises wird bei uns nicht speziell thematisiert. Der Lehrplan gibt ›Feste und Feiern im Jahreskreis‹ vor. Ich muss nicht Christ sein, um die christlichen Feste zu kennen« (Schulleiterin an einer Grundschule mit Kindern unterschiedlicher Religionsbekenntnisse).

»Also den Advent feiern an unserer Schule die Kinder und Eltern aller religiöser Bekenntnisse mit. Wir lassen den Jesus einfach weg« (Lehrerin an einer Mittelschule mit Schüler*innen verschiedener religiöser Bekenntnisse).

7.1 Was wird in der Schule wie gefeiert?

Bei der Gestaltung eines lebendigen Schullebens und einer positiven Schulkultur kommt dem (gemeinsamen) Feiern eine besondere Bedeutung zu. Gerade im Bereich der Primarstufe ist das Schuljahr wesentlich durch Feste und Feiern strukturiert. In vielen Schulen im deutschsprachigen Raum geben dabei die Festkalender der römisch-katholischen bzw. der evangelischen Kirchen die maßgebliche Ordnung vor. Selbst in Klassenkonstellationen, in denen christliche Kinder eine Minderheit darstellen, wird das Schuljahr häufig entlang christlicher Feste gestaltet.

Die als christlich ausgewiesenen Feste werden dabei oft in erster Linie als kulturelle Feiern interpretiert. An ihnen zeigt sich die (historische) Prägung der Gesellschaft durch die christliche Tradition (*»Ich muss nicht Christ sein, um die christlichen Feste zu kennen«*). Christliche Feste prägen das Schuljahr (*»das Weihnachtsliedersingen ist fix im Programm«*), der religiöse Inhalt scheint aber durchaus vernachlässigbar (*»den Advent feiern [...] [alle] mit. Wir lassen den Jesus einfach weg«*).

Feste nicht-christlicher religiöser Traditionen, die keine so starke gesellschaftsprägende Kraft entwickelt haben, werden dabei sehr selten in den Blick genommen. In den Lehrerkollegien scheint vergleichsweise wenig Kompetenz hinsichtlich des Wissens um religiöse Feste nicht-christlicher Traditionen und Möglichkeiten eines entsprechenden Einbringens in Schulfeiern vorhanden zu sein (»*wahrscheinlich ist auch niemand aus unserem Kollegium [dazu] in der Lage*«). Überlegungen werden höchstens im Rückgriff auf vertraute Gestaltungsmöglichkeiten, wie Lieder, angestellt, die in anderen religiösen Traditionen – wie im Fall der Lieder im Islam – keine ähnlich selbstverständliche und wichtige Rolle einnehmen. Häufig wird auf die Berücksichtigung verschiedener religiöser Traditionen bei der Gestaltung von gemeinsamen Schulfeiern aber von vornherein verzichtet.

Als große Ressource von Feiern in der Schulgemeinschaft werden das Miteinander und die »*besondere Stimmung*«, die sehr geschätzt wird, erlebt. In der Betonung von Gemeinsamkeiten gerät das Achten auf die Vielfalt religiöser Prägungen der Mitglieder der Schulgemeinschaft schnell aus dem Fokus. In der konkreten Gestaltung von Feiern wird religiöse Pluralität deshalb häufig als Herausforderung oder gar als Störung der gewohnten Schuljahresgestaltung wahrgenommen.

7.2 Bedeutung von Feiern in der Schule

Der Mensch ist mehr als seine Funktionen und Leistungen. Im Kontext von Festen und Feiern wird dies deutlich. Feste und Feiern sind aus dem Alltag »herausgehobene Zeiten«. Sie bieten Gelegenheit, eine »erfüllte Zeit« zu erfahren: zweckfrei und sinnvoll. Sie bergen die Chance, sich in einer Gemeinschaft zu begegnen und sich an Schönem zu erfreuen. Durch sie ist ein Innehalten im vielfältigen Tun des schulischen Alltags möglich, indem die mechanisch ablaufende, gleichförmige Zeit unterbrochen wird. So stellen sie ein Gegengewicht zu zweckrationalem Handeln dar. Feste und Feiern sind ein Hinweis auf Freiheit und Souveränität des Menschen. Zu einer

Schulkultur, die alle Bereiche des Mensch-Seins ernst nimmt und fördert, gehören Feste und Feiern wesentlich dazu (Hilger & Ritter 2006, 285–290).

Die Anlässe für Feiern in der Schule können unterschiedlich sein: individuelle Ereignisse (bspw. Geburtstage), klassen- und schulspezifische Gründe (bspw. Schuljahresanfang und -ende, Zertifikatsverleihungen, Gedenkfeiern, thematische Feiern z. B. im Anliegen der Bewahrung der Umwelt) oder religiöse Anlässe (bspw. Feste von Religionsgemeinschaften, denen die Schüler*innen der Klasse bzw. Schule angehören) (Feichtinger & Pack 2017, 12).

Schulische Feiern werden von Schüler*innen aber nicht immer (nur) in guter Weise erlebt, z. B. wenn Schüler*innen sich nicht mit der Schule identifizieren oder sich nicht angenommen und wohl fühlen. Dann können Feiern als wenig authentisch und verlogen erlebt werden.

7.3 Berücksichtigung unterschiedlicher religiöser Prägungen

Im Leben der Schüler*innen sind verschiedene Feste von Bedeutung. Es sind Momente, auf die sie sich vorbereiten und freuen, von denen sie im Anschluss mitunter gerne erzählen. Auch religiöse Feieranlässe spielen dabei für Einzelne eine Rolle. Schule ist nicht der erste Ort, um religiöse Feste zu feiern. Als herausgehobene Ereignisse im Leben vieler Schüler*innen ist es aber gut zu überlegen, wie diese Feste in den Schulkontext mit einbezogen werden können.

Wenn in der Fest- und Feierkultur der Schule die unterschiedlichen religiösen Traditionen, die für die Schüler*innen prägend sind, beachtet werden, wird das Gefühl der Zugehörigkeit und der Gemeinschaft gestärkt. Angehörige verschiedener religiöser Traditionen müssen sich dann nicht mehr einer Tradition – derjenigen der Mehrheit – unterordnen. Erleben sie aber den Druck zur Unterordnung, kann es dazu führen, dass sie ihre eigene religiöse Überzeugung nicht oder provokant einbringen. Die unausgesprochene Forderung, sich nicht von anderen zu unterscheiden, die sich auch in der Gestaltung von Festen zeigen kann, vermittelt den betroffenen Schüler*innen das Gefühl, kein vollwertiges Mitglied der Schulgemeinschaft zu sein.

Wie religiöse Feieranlässe in den Schulalltag integriert werden, kann unterschiedliche Formen annehmen und u. a. von der Trägerschaft und der Leitung der Schule abhängen. Wertschätzung und Aufmerksamkeit für Personen, denen religiöse Feste wichtig sind, zeigen sich im schulischen Kontext auch im Aussprechen von allgemeinen Glückwünschen zu den verschiedenen Anlässen (*»Wir wünschen allen, die heute/in diesen Tagen xy feiern, ein schönes Fest!«*). Damit wird deutlich, dass alle der Schulgemeinschaft Angehörigen in dem, was in ihrem Leben wichtig ist, beachtet werden, und es erlaubt jenen, die sich nicht gemäß ihrer nominellen religiösen Zugehörigkeit verorten, sich nicht angesprochen zu fühlen.

Ein Festkalender, in dem alle für die Mitglieder der Schulgemeinschaft wichtigen religiösen Feste und die gemeinsamen Schulfeiern eingetragen sind, kann die Vielfalt an besonderen Anlässen, die von Einzelnen bzw. gemeinsam begangen werden, sichtbar machen.

Prinzipiell gilt: Es geht nicht um Perfektion – in der Haltung, alles wissen und beachten zu müssen –, sondern um kleine Zeichen der Aufmerksamkeit. Damit wird signalisiert, dass alle an der Schulgemeinschaft Beteiligten willkommen sind und auch dem jeweils Fremden und anderen respektvoll begegnet wird. Gerade in der Leitungsverantwortung ist dies ein wichtiges und ausstrahlendes Zeichen.

7.4 Unterschiedliche Arten religionssensibler Feiern

Es gibt verschiedene Möglichkeiten und Formen, wie eine gemeinsame Feier an der Schule auch unter Berücksichtigung und Miteinbezug unterschiedlicher religiöser Traditionen so gestaltet werden kann, dass alle Teilnehmenden, auch diejenigen, die sich nicht als religiös verstehen, gut mitfeiern können.

- **(Säkulare) Schulfeier mit religiösen Elementen**
  Die Schulgemeinschaft feiert aus einem bestimmten Anlass gemeinsam (z. B. Schuljahresanfang und -ende, Zeugnis- und Zertifikatsverleihung, Gedenkfeier). Diese Feiern tragen dazu bei, dem Schuljahr seinen eigenen Rhythmus zu geben und den Schulalltag zu unterbrechen. Sie stärken die Gemeinschaft in Krisensituationen.
  Solche Schulfeiern werden von der Schulleitung bzw. einem dafür eingesetzten Lehrer*innenteam inhaltlich verantwortet. Unterschiedliche Gruppen bzw. Fächer (z. B. Musik, Kunst, Chor, Theater, Sprachen, Sport) erarbeiten Beiträge für die Feier. Wie andere auch bringen Personen aus dem konfessionellen Religionsunterricht oder Vertreter*innen verschiedener Religionsgemeinschaften einen Beitrag ein. Dieser ist aus der jeweiligen Glaubenstradition heraus gestaltet.
- **Multireligiöse Feier (auch unter Anwesenheit nicht konfessionell gebundener Schüler*innen)**
  Bei einer multireligiösen Feier kommen Menschen unterschiedlicher Religionen und Konfessionen zusammen, um Gebete und Beiträge aus ihren jeweiligen religiösen Traditionen einzubringen. Die unterschiedlichen Beiträge werden von den Religions- und Ethiklehrpersonen mit den Schüler*innen und evtl. Repräsentant*innen der Religionsgemeinschaften vorbereitet. Im Vorfeld sind dafür gute und klare Absprachen hinsichtlich Inhalt, Form,

7 Gemeinsames Feiern in der Schule

Ablauf und Durchführung der Feier erforderlich. Bei multireligiösen Feiern vollziehen Schüler*innen die Texte und Riten der eigenen religiösen Tradition mit und sind bei denjenigen anderer Traditionen als Gast zugegen. Auch Schüler*innen ohne religiöses Bekenntnis können so mitfeiern, ohne vereinnahmt zu werden.

Anlässe für eine multireligiöse Feier können Schuljahresbeginn und -ende, ein Gebet für Frieden oder eine Gedenkfeier sein. Als Raum eignet sich ein neutraler Ort (wie Aula, Turnhalle, im Freien), nach Absprache sind auch liturgische Räume und Gebetsräume denkbar.

- **Spirituelle Gastfreundschaft**

Bei spiritueller Gastfreundschaft laden die Angehörigen einer religiösen Tradition andere zu einer in ihrer Tradition verankerten Feier ein. Dieses Modell der spirituellen Gastfreundschaft impliziert die Bereitschaft zur gegenseitigen Einladung und Teilnahme. Religiöse Symbole und Bekenntnisformeln der gastgebenden Konfession haben ihren selbstverständlichen Platz. Es gibt eine klare Unterscheidung von Gastgeber*innen und Gästen. Die Gäste werden als solche begrüßt, treten aber nicht als Akteur*innen in Erscheinung. Sie können bei einzelnen Elementen (z. B. Bitte, Dank, Friedenswunsch) aber mit einbezogen werden.

Im Schulkontext sind Feiern in der Form spiritueller Gastfreundschaft als Schulgottesdienste bzw. als religiöse Übungen in Sakralräumen der jeweiligen Gesinnungsgemeinschaft oder Schulen denkbar. Die Verantwortung für die inhaltliche Gestaltung liegt bei den Religionslehrer*innen der einladenden Konfession bzw. beteiligten Repräsentant*innen der Religionsgemeinschaften.

- **Interreligiöse Feier**

Bei einer interreligiösen Feier wird das Verbindende verschiedener religiöser Positionen betont und mittels Lesungen, Liedern, Gebeten und Texten, die alle Anwesenden gemeinsam mitvollziehen, zum Ausdruck gebracht. Bei interreligiösen Feiern ist gut darauf zu achten, dass es zu keiner Vermischung von religiösen Vorstellungen kommt und Teilnehmende sich nicht vereinnahmt fühlen. Bei derartigen Unklarheiten kann es sein, dass Menschen sich in ihrem Glauben nicht wiedererkennen und die Feier als unstimmig erleben.

Eine interreligiöse Feierform gestaltet sich im schulischen Kontext als sehr herausfordernd und schwierig, da für eine solche Praxis eine intensive Auseinandersetzung mit Gottesvorstellungen, Theologie und Gebetsriten der verschiedenen Religionen zu erfolgen hat, damit keine Vereinnahmungen oder Verschleierungen von Unterschieden geschehen.

(Dam et al. 2016, 73–81; Feichtinger/Pack 2017; Lienhart 2017; Schulamt der Diözese Innsbruck 2016; Bischöfliches Ordinariat Rottenberg et al. 2018, 11–13)

> **Zur Anrede Gottes**
>
> In allen monotheistischen Religionen wenden sich Gläubige an den einen Gott aller Menschen, gestalten ihre unmittelbare Hinwendung aber unterschiedlich. Im Judentum wird der Gottesname nicht ausgesprochen, es werden Umschreibungen (wie z. B. »Adonai«/»Herr« oder »HaSchem«/»der Name«) verwendet. Das arabische »al-lah« ist kein Eigenname, sondern bedeutet »der eine Gott«, weshalb auch arabische Christen sich mit »Allah« an Gott wenden.
>
> Es ist gut zu wissen, dass Mitfeiernde sich mit verschiedenen Bezeichnungen an den einen Gott wenden. Es ist aber auch Sensibilität gefragt, Begriffe nicht für andere Religionen zu vereinnahmen. Die Bezeichnung »Allah« ist im deutschsprachigen Raum primär im Islam üblich, ein Ersetzen des Begriffs »Gott« durch »Allah« in christlichen Texten und Liedern kann auf Irritationen stoßen.
>
> (Feichtinger/Pack 2017, 13)

7.5 Gestaltung gemeinsamer Feiern

Vorüberlegungen und Planung

Wenn in der Schule gemeinsame Feiern angeboten werden können und wollen, ist für die Gestaltung solcher Feiern in einer von Pluralität geprägten Schule ein genauer Blick auf die konkrete Schulsituation notwendig. Ein gemeinsamer Nachdenkprozess zur Kultur des Miteinanders an der Schule ist eine wichtige Voraussetzung für die Entwicklung einer passenden Feierkultur. Ein Fokus in einem solchen Prozess kann die Beschäftigung mit den Zielen sein, die mit dem gemeinsamen Feiern verbunden werden: Weshalb ist es uns wichtig, miteinander zu feiern? Die Überlegungen zur konkreten Form der Feier, zu ihrer Planung und Durchführung – auch hinsichtlich der eingeladenen und beteiligten Personengruppen der Schulgemeinschaft (Schüler*innen, Lehrpersonen, Eltern etc.) – lassen sich davon bestimmen.

Partizipation als Horizont

In einem partizipativen Verständnis werden in die Vorbereitung und Durchführung der Feier möglichst viele Mitglieder der Schulgemeinschaft (verschiedene Fächer, Lehrpersonen, Schüler*innen, Eltern, aber evtl. auch externe Gruppierungen wie Religionsgemeinschaften etc.) mit klaren Verantwortlichkeiten eingebunden. Wichtig ist dabei, von den gegebenen Ressourcen der Schule auszugehen. Es kann neue Schwerpunktsetzungen geben, aber es muss nicht alles neu erfunden werden.

Kommunikation und Einladung zur Mitgestaltung

Entscheidend ist, dass die an der Schule gepflegte Feierkultur offen und transparent gegenüber Schüler*innen und Eltern kommuniziert wird. Bereits beim Schuleintritt kann mitgeteilt werden, welche Feiern in welcher Weise an der Schule üblich sind und welche Rolle dabei Religion in den verschiedenen Ausprägungen spielt [Elterngespräche, ▶ Kap. 5]. In diesem Rahmen kann thematisiert werden, dass in der Gestaltung konkreter Feiern möglichst viele Mitglieder der Schulgemeinschaft aus verschiedenen (Fach-)Bereichen und in unterschiedlichen Rollen eingebunden werden sollen. Zudem können mögliche Bereitschaften erhoben werden, wie beispielsweise als Mitglied eines verantwortlichen Koordinationsteams, bei der Gestaltung von Raum, Musik oder verschiedener inhaltlicher Beiträge mitzuwirken.

Adäquate Bezeichnung

Es empfiehlt sich, eine passende und stimmige Bezeichnung für eine gemeinsame Feier mit religiösen Elementen zu finden. »Gottesdienst« und »Liturgie« sind besser zu vermeiden. Die Bezeichnung »interreligiös« ist (nur) für die entsprechende Gestaltungsform passend. Offene Formulierungen wie »Feier der Religionen« oder »religionsverbindende Feier« schaffen einen Spielraum, der unterschiedlich gestaltet werden kann.

Berücksichtigung verschiedener religiöser Traditionen

Mit dem Einbeziehen religiöser Aspekte bei gemeinsamen – auch säkular begründeten – Feiern in der Schule (wie Schuljahresanfang oder -ende etc.) findet eine für manche bedeutsame Lebenswirklichkeit und Lebensdeutung Berücksichtigung. Werden verschiedene religiöse Traditionen bei gemeinsamen schulischen Feiern sichtbar, kann dies das Schulleben und die Entwicklung des/der Einzelnen bereichern. Die Wahl entsprechender Feier-Formen kann dazu beitragen, dass dem Anlass entsprechend alle Schüler*innen in ihrer religiösen Diversität gemeinsame Feiern erleben und mitgestalten können.

7 Gemeinsames Feiern in der Schule

Tab. 1: Gestaltung von unterschiedlichen Feiern

	(Säkulare) Schulfeier mit religiösen Elementen	Multireligiöse Feier	Spirituelle Gastfreundschaft	Interreligiöse Feier
Raum und Raumgestaltung	»Neutrale« Räume in der Schule (wie Aula, Hof)	Sakralräume sind nicht so gut geeignet; besser »neutrale« Räume in der Schule	Sakralraum der einladenden Gesinnungsgemeinschaft	Sakralräume sind nicht so gut geeignet; besser »neutrale« Räume in der Schule
Leitung	Verantwortliches Team der Schulgemeinschaft	gemeinsame, gleichberechtigte Leitung der Vertreter*innen der beteiligten Religionsgemeinschaften	Vertreter*innen der einladenden Religionsgemeinschaft	gemeinsame, gleichberechtigte Leitung der Vertreter*innen der beteiligten Religionsgemeinschaften
Themen	gemeinsames Thema als Möglichkeit, Sichtweisen aus den versch. Fächern einzubringen und einen Bezug zur Lebenswelt der Schüler*innen zu schaffen	gemeinsames Thema als Möglichkeit, Sichtweisen aus versch. religiösen Traditionen einzubringen und einen Bezug zur Lebenswelt der Schüler*innen zu schaffen	Thema von der einladenden Religionsgemeinschaft vorgegeben, evtl. zu Festanlass der jeweiligen Tradition; nach Möglichkeit mit Bezug zur Lebenswelt der Schüler*innen	gemeinsames Thema als Möglichkeit, Sichtweisen aus versch. religiösen Traditionen einzubringen und einen Bezug zur Lebenswelt der Schüler*innen zu schaffen
Hl. Texte	Texte aus Hl. Schrift/en einer oder mehrerer rel. Trad. bringen eine	Texte aus Hl. Schriften versch. Trad. bringen verschiedene	Texte aus den Hl. Schriften der einladenden Religionsgemeinschaft	Texte aus Hl. Schriften einer oder mehrerer rel. Traditionen, die für alle

Tab. 1: Gestaltung von unterschiedlichen Feiern – Fortsetzung

	(Säkulare) Schulfeier mit religiösen Elementen	Multireligiöse Feier	Spirituelle Gastfreundschaft	Interreligiöse Feier
	spezifisch religiöse Perspektive ein; ergänzend o. alternativ können auch andere thematisch passende Texte einen spirituellen Impuls bieten	Perspektiven ein; ergänzend o. alternativ können auch andere thematisch passende Texte einen spirituellen Impuls bieten	bringen entscheidende Perspektiven dieser Tradition ein	Gültigkeit haben können; ergänzend o. alternativ können auch andere thematisch passende Texte einen spirituellen Impuls bieten
Gebet	Vertreter*innen einer oder mehrerer religiöser Traditionen sprechen nacheinander Gebete, die von den anderen durch schweigende Teilnahme begleitet werden	Vertreter*innen verschiedener religiöser Traditionen sprechen nacheinander Gebete, die von den anderen durch schweigende Teilnahme begleitet werden	Vertreter*innen der einladenden Religionsgemeinschaft sprechen Gebete, die von den anderen durch schweigende Teilnahme begleitet werden	Gemeinsame Gebete, die von allen Beteiligten mitgetragen werden können
Symbole	Verwendung von Symbolen bedarf guter Absprachen und Klärungen, da Symbole in verschiedenen Religionen z. T. unterschiedliche Bedeutungen haben	Verwendung von Symbolen bedarf guter Absprachen und Klärungen, da Symbole in verschiedenen Religionen z. T. unterschiedliche Bedeutungen haben	Symbole der einladenden Religionsgemeinschaft im jeweiligen Verständnis	Symbole, die von allen Beteiligten in (annähernd) übereinstimmender Weise verstanden werden

7.5 Gestaltung gemeinsamer Feiern

Tab. 1: Gestaltung von unterschiedlichen Feiern – Fortsetzung

	(Säkulare) Schulfeier mit religiösen Elementen	Multireligiöse Feier	Spirituelle Gastfreundschaft	Interreligiöse Feier
Musik	spielt in den unterschiedlichen religiösen Traditionen eine unterschiedliche Rolle, dennoch leisten musikalische Elemente einen wichtigen Beitrag			
Begegnungen	gerade wenn es wenige verbindende gemeinsame Elemente gibt, ist eine Möglichkeit der Begegnung oder eine gemeinsame Aktion im Rahmen bzw. im Anschluss an die Feier von besonderer Bedeutung			
Struktur	für die unterschiedlichen Feiern gibt es keine verbindlichen Vorgaben, das Entwickeln von Strukturen bietet hilfreiche Rahmenbedingungen			

(In Anlehnung an: Dam et al. 2016, 73–81; Reli plus Spezial: Gemeinsam vor Gott 2017, 13–22; Schulamt der Diözese Innsbruck 2016, 9–16)

7.6 Reflexionsfragen

- Welche Erfahrungen an der Schule gibt es mit gemeinsamen (säkularen und religiösen) Feiern?
- Welche Ziele sind mit den gemeinsamen Feiern verbunden? Welchen Stellenwert haben sie im Schulleben?
- Wie können Feiern in der Schule gestaltet sein, dass die verschiedenen religiösen Prägungen aller an der Schule Beteiligten Berücksichtigung finden?
- Wer ist verantwortlich für Koordination, Planung und Gestaltung der verschiedenen Feiern (Schulleitung; Lehrer*innen verschiedener Fächer wie Religion, Ethik, Philosophie, Musik, Kunst, Theater, Sprachen, Sport; außerschulische Kooperationspartner*innen wie Eltern, Gemeinde, Religionsgemeinschaften)?

- In welcher Form werden die verschiedenen Mitglieder der Schulgemeinschaft in die Vorbereitung und Durchführung von gemeinsamen (religiösen) Feiern eingebunden?

> **Hinweise zur konkreten Gestaltung von gemeinsamen Feiern in der Schule**
>
> Arnold, Jochen, Kraft, Friedhelm, Leonhard, Silke & Noß-Kolbe, Peter (Hg.) (2015): Gottesdienste und religiöse Feiern in der Schule. Hannover: Lutherisches Verlagshaus.
> Burrichter, Rita & Isik, Tuba (2014): Gemeinsam Dank und Bitte vor Gott tragen. Anlässe und Räume multireligiöser Feiern. In: Meißner, Volker, Affolderbach, Martin, Mohagheghi, Hamideh & Renz, Andreas (Hg.), Handbuch christlich-islamischer Dialog. Grundlagen – Themen – Praxis – Akteure (268–272). Freiburg i. Br.: Herder.
> Holzapfel-Knoll, Maria/Leimgruber, Stephan (2009): Gebete von Juden, Christen und Muslimen. Modelle für religiöse Feiern in der Schule. München: Deutscher Katecheten-Verein.
> Kuhn, Elke (2005): Christlich-muslimische Schulfeiern. Grundlegende Sachinformationen. Ausgearbeitete Entwürfe. Weiterführende Arbeitshilfen. Neukirchen: Neukirchener Verlagshaus.
> Landeskirchenamt der Evangelischen Kirche von Westfalen (Hg.) (2004): Multireligiöse Feiern zum Schulanfang. Hinweise und Vorschläge zur Gestaltung. Bielefeld: Evangelischer Presseverband.
>
> **Hinweis zur Gestaltung eines Festkalenders**
>
> Éditions Agora: Kalender der Religionen. Online verfügbar unter: http://www.ir-kalender.ch/fetes.php [10.11.2021].

Literatur

Bischöfliches Ordinariat Rottenberg/Erzbischöfliches Ordinariat Freiburg/Ev. Landeskirche in Baden/Ev. Landeskirche in Württemberg (Hg.) (2018): Religiöse Feiern im multireligiösen Kontext der Schule. Eine Handreichung für die Fachkonferenzen Evangelische und Katholische Religionslehre und Schulleitungen aller Schularten. Eigenverlag.

Dam, Harmjan/Doğruer, Selçuk & Faust-Kallenberg, Susanna (2016): Begegnung von Christen und Muslimen in der Schule. Eine Arbeitshilfe für gemeinsames Feiern. Göttingen: Vandenhoeck & Ruprecht.

Feichtinger, Christia & Pack, Irene (2017): Schulische Feierkultur in religiöser Vielfalt. In: Reli plus Spezial. Gemeinsam vor Gott (1), 10–13.

Hilger, Georg & Ritter, Werner H. (2006): Religionsdidaktik Grundschule. Handbuch für die Praxis des evangelischen und katholischen Religionsunterrichts. München: Kösel-Verlag.

Kompetenzzentrum für Religionspädagogische Schulbuchentwicklung an der KPH Graz (Hg.) (2017): Reli plus Spezial: Gemeinsam vor Gott, (1).

Lienhart, Hannes (2017): Schulrechtliche Grundlagen für gemeinsame Feiern. In: Reli plus Spezial: Gemeinsam vor Gott (1), 7–9.

Schulamt der Diözese Innsbruck (Hg.) (2016): Miteinander Feiern in der Schule. (Religiöse) Feiern im multireligiösen Schulkontext. Eine Orientierungshilfe. Innsbruck: Verlagspostamt.

8

Gebet in der Schule

> »Bei uns wird am Beginn jedes Unterrichtstages in jeder Klasse gebetet. [...] Ja, ein christliches Gebet. Alle Schüler und Schülerinnen beten da selbstverständlich mit« (Lehrerin an einer Grundschule).
> »In meiner 8. Klasse haben sich regelmäßig fünf oder sechs Schüler hinten in der Klasse zum Gebet niedergekniet. Auch ein bisschen als Provokation. Das war dann ein riesiges Thema in der Schule. Ich hab mich nicht eingemischt, weil ich mir denke, dass das nur die betroffenen Schüler etwas angeht« (Lehrerin an einem Gymnasium).
> »Das regelmäßige Gebet ist für mich sehr wichtig. Erst im Gebet komme ich zur Ruhe. Es hat für mich einen wichtigen Platz im Leben. Nur eine

> Schule, die das respektiert, respektiert mich« (Schülerin an einem Gymnasium).
> »Beten ist eine private Sache und hat daher in der Schule nichts verloren« (Schulleiter an einer berufsbildenden Schule).

Das Thema Beten kann auf mehreren Ebenen Unsicherheit, Diskussionen, Missverständnisse, Widerstände, Konflikte oder gar Gefühle der Bedrohung auslösen. Je nach schulorganisatorischen Rahmenbedingungen und der grundlegenden Kultur der Schule und deren Grundhaltung zu Religion wird der Umgang damit variieren. Werden von Lehrpersonen Gebete von Schüler*innen beobachtet, kann dies Unsicherheit auslösen, wie damit umgegangen werden soll. Sollen Gebete in der Schule erlaubt sein, soll darüber gesprochen oder darauf verwiesen werden, dass Gebete in der Schule als öffentlichem Raum nicht vorkommen sollen? Die Gebetspraxis steht häufig im Spannungsfeld zwischen positiver und negativer Religionsfreiheit und dem Schulfrieden. Diese Diskussionen werden auch außerhalb der Schule in medialen Diskursen teilweise emotional geführt. Angesichts der pluralen Situation in Schulen, in denen Schüler*innen mit unterschiedlichen religiösen Einstellungen und dementsprechend mit unterschiedlichen Einstellungen zum Gebet zusammenkommen, gilt es, als Schulgemeinschaft Überlegungen anzustellen, wie öffentlich bzw. wie privat Gebete in der Schule vorkommen dürfen.

8.1 Was ist ein Gebet? – Formen des Gebets

Gebet ist eine religiöse Praxis, in der die eigene religiöse Grundhaltung sichtbar werden kann. Beten ist in den unterschiedlichen Religionen eine häufige und wichtige religiöse Handlung. Im Gebet wenden sich Gläubige an ein transzendentes, göttliches Gegenüber. Dies ist als gemeinschaftliches Gebet in Gottesdiensten und religiösen Feiern sowie in Form von persönlichem und individuellem Gebet möglich.

8.1 Was ist ein Gebet? – Formen des Gebets

Es können – etwas vereinfacht – zwei grundlegende Formen des Gebets unterschieden werden. Zum einen Gebete, deren Worte vorgegeben sind. Diese weisen häufig eine lange Tradition auf und genießen in den jeweiligen Religionen ein entsprechendes Ansehen. Zum anderen Gebete, die frei formuliert werden und in denen die betende Person ihr Anliegen in eigenen Worten vor Gott bringt. Das Schweigen und stille Hören auf Gott können ebenfalls als Formen des Gebets angesehen werden.

Außerdem werden in manchen Religionen Pflichtgebete und freiwillige Gebete unterschieden. Gebete finden häufig auch einen Ausdruck in Körperhaltungen oder Gesten und zeichnen sich durch einen bestimmten Gebetsritus aus.

Die Gebetspraxis von Menschen unterscheidet sich nicht nur aufgrund der Zugehörigkeit zu unterschiedlichen Religionen, sondern auch innerhalb einer religiösen Tradition. In den einzelnen Religionen gibt es je spezifische Gebetsformen, die von den Gläubigen aber in unterschiedlicher Weise beachtet und gelebt werden. Um zu wissen, wie Personen beten, was ihnen wichtig ist und was sie dafür benötigen, ist das Gespräch mit den betroffenen Personen deshalb unersetzbar.

Gebet im Islam

Das Gebet bildet gemeinsam mit dem Glaubenszeugnis, dem Fasten, dem Spenden und der Wallfahrt nach Mekka die »fünf Säulen« des Islam und ist Teil der persönlichen Religionsausübung.

Das rituelle Pflichtgebet wird zumeist fünfmal innerhalb von 24 Stunden verrichtet. Die Pflichtgebete können durch empfohlene freiwillige Gebete ergänzt werden. Die Pflichtgebete bestehen aus einer festgelegten Anzahl von Gebetseinheiten, wobei jede Gebetseinheit mit verschiedenen Bewegungen einhergeht (stehen, beugen, niederwerfen). »Ein Gebet beginnt mit dem hörbar gesprochenen takbīr (›Gott über allem!‹ bzw. ›Gott ist größer/am größten!‹, allāhu akbar) und endet mit dem taslīm (»Der Friede und Gottes Segen mit euch!«, assalāmu calaikum wa raîmatul-lāh)« (Behr 2014, 82).

8 Gebet in der Schule

Gebetet wird morgens zwischen dem Beginn der Morgendämmerung und dem Sonnenaufgang, mittags zwischen dem Zenit der Sonne und dem Beginn des Nachmittags, nachmittags in der Zeit bis zum Sonnenuntergang, in der Abenddämmerung nach Sonnenuntergang bis zum Beginn der Nacht und in der Nacht bis zum Beginn der Morgendämmerung. Der Koran legt die Gebetsrichtung nach Mekka fest. Vor dem Vollzug der Gebetspraxis wird die sogenannte »Basmala« (»Mit dem Namen Gottes«) als Handlungsabsicht gesprochen. Die Texte aus dem Koran werden in arabischer Originalsprache vorgetragen. Voraussetzung für das Gebet ist die rituelle Reinheit des Körpers, der Kleidung und des Ortes. Hände, Mund, Nase, Gesicht, Unterarme, Ohren, Kopf und Füße werden hierfür mit Wasser benetzt. Beim Gebet wird eine Gebetsunterlage, häufig ein kleiner Teppich, verwendet.

Neben dem rituellen Gebet kennt der Islam noch andere Gebetsformen. Gebete der Ansprache Gottes, in denen Gott frei angerufen wird, arabisch Duā', erweitern das Pflichtgebet. Solche Gebete haben keine formale Rahmung und sind zumeist anlassgebunden (z. B. vor dem Essen). Dabei werden in der Regel die Handflächen offen gehalten. Im Gebet der Vergegenwärtigung Gottes erinnert man sich an Gott, denkt über ihn nach oder ruft ihn bei seinen 99 Namen. Dies kann mit Hilfe eines Gebetskettchens oder im Lesen des Korans erfolgen. Auch Tänze oder Musik können zum Gebet werden, wobei diese persönlich gestaltet werden können (Behr 2014, 79–88).

Gebet im Judentum

»Fromme Juden beten oft und viel. Drei öffentliche Gebete morgens, nachmittags und abends. Dazu die vorgeschriebenen Gebete vor und nach dem Schlaf, vor und nach dem Tisch, das macht wenigstens sieben verschiedene Gebete täglich, wie schon der Psalm sagt: ›Sieben Mal am Tag preis' ich dich‹ (Ps 119, 164)« (Krochmalnik 2014, 17). Unterschieden werden können Bitt- und Dankgebete, Klage- und Lobgebete, Buß- und Stoßgebete. Das Segensprechen durchdringt das jüdische Leben in jeder Lage. Ein Segensspruch unterbricht eine

Handlung und eröffnet eine kurze Denkpause. Konstitutiv für das Gebet ist das jüdische Glaubensbekenntnis, das »Höre, Israel« (Sch'ma Israel) (Dtn 6,4-9; 11,13-21; Num 15,37-41). »Bevor der jüdische Gläubige sich an Gott wendet, bindet er sich Gottes Wort, ›vor die Augen und auf sein Herz‹« (Ritter 2014, 250). Dies geschieht anschaulich mit den Teffilin, die von männlichen Personen über 13 Jahren am linken Arm und auf der Stirn vorzugsweise beim Morgengebet getragen werden. In den an Lederschnüren befestigten Kästchen befinden sich Tora-Abschnitte auf Pergament. Für einen gemeinschaftlichen Gottesdienst sind mindestens zehn Männer erforderlich, die für den Vollzug bestimmter Elemente anwesend sein müssen (Krochmalnik 2014, 15-56).

Gebet im Christentum

Gebet ist im Christentum ein Grundvollzug, in dem der inhaltliche Glauben deutlich wird und sich die ausdrückliche Gottesbeziehung manifestiert. Es können unterschiedliche Formen des Gebets wie Anbetung, Lob, Dank- oder Bittgebete unterschieden werden (Schaller 1995, 313). Nach dem christlichen Glauben hat sich Gott in Jesus Christus der Welt in einzigartiger Weise offenbart. Die Lehre Jesu über das Gebet und sein ständiges Leben auf den Vater hin sind das Modell für das Gebet der Christ*innen. Einige Gebete sind durch jahrhundertealte Riten fixiert, andere sind den modernen Gegebenheiten und dem heutigen Sprachgefühl angepasst. Biblisch geprägten Gebeten wird ein besonderer Platz eingeräumt.

8.2 Beten Jugendliche?

In der Studie von Zimmermann und Möde (2011) geben 44 Prozent der Jugendlichen und jungen Erwachsenen zwischen 16 und 30 Jahren an, dass sie oft bzw. sehr oft beten und nur 1,4 Prozent bekunden, nie zu beten. In der Studie von Wagener (2013) zeigt sich, dass ein Viertel bis zu einem Drittel auch der konfessionsungebundenen Jugendlichen betet. Reinhold Boschki fasst mit Blick auf die Jugendstudien die Einstellung von Jugendlichen zusammen: »Gebete sind unter Jugendlichen nicht der Renner, aber sie sind auch nicht out« (Boschki 2014, 104).

8.3 Gebet in der Schule

Ob und wie Gebete in der Schule vorkommen, unterscheidet sich stark zwischen den einzelnen Schulen. Es ist teilweise abhängig von den Trägerschaften der Schule und der generellen Kultur, wie offen Religion gelebt werden darf und wie anerkannt unterschiedliche Religionen in der Schule sind [Schulkultur, ▶ Kap. 3].

Bei Schulgebeten kann differenziert werden zwischen Gebeten, die im Rahmen des konfessionellen Religionsunterrichts, teilweise in Form religiöser Übungen erfolgen, und Gebeten, die von der Schulgemeinschaft verpflichtend oder freiwillig wahrgenommen werden, wie beispielsweise Morgengebete, Mittagsgebete, Gebete im Rahmen von Gottesdiensten. Davon unterschieden werden können Gebete, die von Einzelnen persönlich während der Schulzeit gesprochen werden.

- *Gebete im Rahmen des konfessionellen Religionsunterrichts:* Der konfessionelle Religionsunterricht versteht sich als Bildungsangebot mit dem Ziel, Schüler*innen zu verantwortlichem Denken und Handeln bezogen auf Religion und Glaube zu befähigen. Wenn im Rahmen des Unterrichts gemeinsam gebetet wird, ist es Aufgabe der Religionslehrpersonen, deutlich zu machen, dass dies ein freiwilliges Angebot darstellt. Religiöse Übungen wie Gebete in der Früh oder Einkehrtage stellen über den Unterricht hinaus spirituelle Angebote im Schulleben dar.

- *Von der Schulgemeinschaft angebotene Gebete:* Die hauptsächlich von Schulen in religiöser Trägerschaft von der Schulgemeinschaft angebotenen Gebete können bei manchen Schüler*innen, die nicht beten möchten oder die nicht der entsprechenden Religion zugehören, Irritationen auslösen. Die Möglichkeit zum gemeinsamen Gebet kann ein Angebot der Schule, aber darf keinesfalls mit Zwang verbunden sein. Ein solches Angebot sollte jedenfalls der Vielfalt der religiösen Überzeugungen von Schüler*innen gerecht werden. Ein Gebet in der Schule darf unter Berücksichtigung sowohl der Religionsfreiheit als auch der unterschiedlichen religiösen und weltanschaulichen Einstellungen von Schüler*innen für diese nicht verpflichtend sein. Hier sind Schulen aufgefordert, die eigene Gebetspraxis kritisch zu reflektieren und den Freiwilligkeitscharakter von Gebeten zu betonen. Es können (Feier-)Formen entwickelt werden, bei denen alle in guter Weise teilnehmen können [Feiern, ▸ Kap. 7].
- *Persönliche Gebete:* Größeren Unmut, Ängste oder Unsicherheiten lösen zumeist Gebete aus, die von Einzelnen aus eigener Initiative während der Schulzeit gesprochen werden. Hier handelt es sich um Gebete, die Personen aus eigener Motivation heraus sprechen möchten bzw. die als Pflichtgebete in ihrer Religion gelten.

8.4 Herausforderung (Pflicht-)Gebet in der Schule

Insbesondere hinsichtlich des Pflichtgebets ergeben sich für Schulen immer wieder Herausforderungen. Unterschiedliche Wünsche – auch mit Blick auf Pausengestaltung – können gerade bei beengten räumlichen Voraussetzungen zu Konflikten unter den Schüler*innen führen. Werden Gebete im Klassenraum gesprochen, können Bemerkungen durch Mitschüler*innen die betenden Personen, die im Gebet ihre Überzeugungen offenlegen, kränken und verletzen. Andererseits kann ein sichtbar gemachtes Gebet bei einzelnen Personen in der Schule, für die diese Form des Gebets unbekannt ist, Irritationen und Unsicherheiten auslösen.

Die Motivationen für persönliches Gebet in der Schule können sehr unterschiedlich sein. Weil sie vom Anliegen, persönlich Bedeutsames zum Ausdruck zu bringen, bis zur bewusst eingesetzten Provokation reichen, ist es nicht möglich, generelle Aussagen über die Umgangsformen mit Gebet in der Schule zu treffen. Vielmehr braucht es schulstandortbezogene spezifische Formen, die im Dialog der Schüler*innen, Lehrer*innen, der Schulleitung und gegebenenfalls auch der Eltern erarbeitet werden. Die Erfahrungen von Schüler*innen, die diese mit Gebet in der Schule machen, gilt es zu berücksichtigen.

So können Gebete Einzelner in der Schule bzw. der Wunsch, in der Schule beten zu können oder umgekehrt nicht vom Gebet anderer behelligt zu werden, ein Anlass sein, miteinander ins Gespräch zu kommen. Ein Austausch über die Motivation, Gebete zu sprechen – oder eben auch nicht –, kann zu einem Verständnis verschiedener religiöser und weltanschaulicher Zugänge und zu einem Kennenlernen unterschiedlicher damit einhergehender Praxis führen. Eine Aufklärung über unterschiedliche Formen des Gebets und eine Klarstellung, dass Beten nicht mit einer fundamentalistischen Grundhaltung gleichgesetzt werden darf, können Unsicherheiten und Ängste auffangen und entdramatisieren. Selbst im Rahmen von Schulprojekten lassen sich Dialoge über eigene Gebetsformen bzw. Wünsche nach räumlichen Voraussetzungen diskutieren. Gleichzeitig ist zu berücksichtigen, dass nicht alle Schüler*innen über ihren Glauben sprechen möchten, da für manche Schüler*innen Religion ein mit Scham besetztes Thema ist und sie ihre jeweilige Glaubenshaltung privat halten möchten. Dies trifft auch auf ihren Umgang mit Gebet zu.

Nicht jede Form des Gebets kann in der Schule ohne Einschränkungen stattfinden. Liegen Gründe vor, dass durch das Gebet das gemeinsame friedvolle Zusammenleben gestört wird, Gebete nicht als religiöse Praxis, sondern als Provokation eingesetzt werden, gilt es, im Dialog mit den Betroffenen nach Lösungswegen zu suchen. Hier kann (Religions-)Lehrpersonen die Rolle zukommen, über Gebete und Gebetsformen zu informieren oder Gespräche anzuleiten und zu moderieren.

8.5 Räume für Gebet in der Schule

Ist in der Schule eine generelle Offenheit gegenüber Gebeten gegeben, stellt sich neben der Frage nach den zeitlichen Ressourcen, die durch die Pausen in der Schule im Normalfall unproblematisch gegeben sind, die räumliche Frage. Die Diskussionen um einen Raum für das Gebet in der Schule bringen häufig Polarisierungen mit sich, die sich im Kern um die Frage drehen, welche Rolle Religion in der Schule spielen darf.

Die Frage, ob in einer Schule ein Gebetsraum eingerichtet wird, stellt sich auch mit Blick auf von Religionen vorgeschriebene Pflichtgebete. Ob dem Gebet ein eigener Raum in der Schule gewidmet werden soll, ist zuallererst eine Kapazitätsfrage. Wird ein Gebetsraum in der Schule eingerichtet und gestaltet, ist zu gewährleisten, dass niemand dorthin gehen muss oder Personen dazu gedrängt werden, an den Gebeten teilzunehmen. Dementsprechend ist es notwendig, den Besuch des Gebetsraumes und sich möglicherweise entwickelnde Dynamiken sensibel zu beobachten und deutlich zu kommunizieren, dass der Besuch des Gebetsraumes nur ein Angebot darstellt und ausschließlich freiwillig ist. Klare Verhaltensregeln im Gebetsraum sind ebenso unvermeidlich wie definierte Öffnungszeiten. Ob dieser Raum als Gebetsraum oder als Raum der Stille, als Rückzugsraum, Meditationsraum, Time-Out-Raum etc. bezeichnet wird, in dem Schüler*innen die Möglichkeiten haben zu beten, zu meditieren oder sich auszuruhen, hängt von der jeweiligen Schulkultur ab. Die Partizipation von Schüler*innen bei der Gestaltung des Raumes trägt wesentlich dazu bei, dass dieser Raum entsprechend angenommen wird.

Viele Schulen haben räumlich keine Möglichkeit, einen solchen Raum eigens einzurichten. In diesem Fall kann ein Raum benannt werden, in dem Personen möglichst ungestört ihre Gebete verrichten können. Hier können Schulen beispielsweise einen Bereich in der Bibliothek benennen oder leerstehende Klassenräume, in denen zu gewissen Zeiten Möglichkeiten für Ruhe und somit auch Gebet gegeben sind. Dies verdeutlicht den Schüler*innen, dass ihr Anliegen ernst genommen wird.

Gebetsmöglichkeit im Schulkontext – ein Erfahrungsbericht

»Die Religionslehrerin hat mich ermutigt, mich mit dem Wunsch, in der Schule einen Ort zum Beten zu haben, an die Schulleitung zu wenden. Das hab' ich dann auch gemacht. Die Direktorin hat meinen Wunsch verstanden. Wir haben vereinbart, dass ich das Mittagsgebet in einer Pause verrichte, in einem eigenen Raum. Montag in der 2a, weil die da schon frei haben, und Dienstag bis Donnerstag in der 1e. Am Freitagnachmittag hab' ich eh selbst frei. Die jeweiligen Lehrer*innen lassen mir die Tür offen und die Sekretärin versperrt dann die Klasse anschließend wieder. Mit der Religionslehrerin hab' ich besprochen, dass ich allein bete, ohne großes Tamtam, und nur das Pflichtgebet, damit ich rechtzeitig wieder zurück bin. Weil die Schule ja nicht vernachlässigt werden soll ... So hat das angefangen. Mittlerweile gibt es an unserer Schule einen eigenen kleinen Gebetsraum. Da haben wir mitgeholfen, den zu gestalten. Der ist für die Schüler*innen aller Religionen offen, das passt ganz gut so« (Schülerin einer berufsbildenden höheren Schule in der Abschlussklasse).

8.6 Pädagogische Perspektiven

* *Bedeutung von Kommunikation*: Die Erfahrungen, die Schüler*innen mit Gebet in der Schule machen, und ihre Wünsche diesbezüglich gilt es sensibel aufzunehmen. Das gemeinsame Nachdenken und der Austausch ermöglichen es, im Kontext Schule Möglichkeiten zu etablieren, dass Schüler*innen innerhalb des gegebenen schulischen Rahmens und der begründeten Grenzen ihrer eigenen Gebetspraxis nachgehen können, ohne andere Personen dadurch zu stören.
* *Räume:* Hilfreich ist, wenn Räume zur Verfügung gestellt bzw. definiert werden, in denen ungestört gebetet werden kann (Gebetsraum, ruhige Ecke in einer Klasse oder Bibliothek etc.), ohne andere Personen zu stören oder zu irritieren.
* *Wissen über Formen des Gebets*: Kenntnis über Spezifika des Gebets in einzelnen Religionen können möglicherweise Irritationen auflösen und zu einem gegenseitigen Verständnis beitragen.

8.7 Reflexionsfragen

* Welche Erfahrungen mit Gebeten und der Gebetspraxis der Angehörigen verschiedener Religionen gibt es an der Schule?
* Welche Einstellungen und Erwartungen hat die Schulgemeinschaft gegenüber gemeinsamen und persönlichen Gebeten?
* Welche spirituellen Angebote gibt es in welcher Form an der Schule? Welche Formen des gemeinsamen Gebets werden wie angeboten? Wer ist damit adressiert und welche Möglichkeiten der (Nicht-)Teilnahme gibt es?
* Welche Möglichkeiten des gegenseitigen Kennenlernens und des Austauschs zum Gebet gibt es außerhalb des Religionsunterrichts, z. B. in Schulprojekten?

- Welche zeitlichen und räumlichen Möglichkeiten haben Schüler*innen in der Schule, um persönlich zu beten? Wie werden diese Möglichkeiten angenommen? Welche Schwierigkeiten zeigen sich?

Literatur

Behr, Harry H. (2014): Grundzüge des islamischen Betens. In: Krochmalnik, Daniel/Boehme, Katja/Behr, Harry H. & Schröder, Bernd (Hg.), Das Gebet im Religionsunterricht in interreligiöser Perspektive (79–88). Berlin: Frank & Timme GmbH Verlag für wissenschaftliche Literatur.

Boschki, Reinhold (2014): Das Gebet im katholischen Religionsunterricht. In: Krochmalnik, Daniel/Boehme, Katja/Behr, Harry H. & Schröder, Bernd (Hg.), Das Gebet im Religionsunterricht in interreligiöser Perspektive (103–127). Berlin: Frank & Timme GmbH Verlag für wissenschaftliche Literatur.

Krochmalnik, Daniel (2014): Halleluja. In: Krochmalnik, Daniel/Boehme, Katja/Behr, Harry H. & Schröder, Bernd (Hg.), Das Gebet im Religionsunterricht in interreligiöser Perspektive (15–56). Berlin: Frank & Timme GmbH Verlag für wissenschaftliche Literatur.

Ritter, André (2014): Nebeneinander oder miteinander vor dem Einen Gott? Zur Frage des gemeinsamen Betens und Feierns von Juden, Christen und Muslimen. In: Krochmalnik, Daniel/Boehme, Katja/Behr, Harry H. & Schröder, Bernd (Hg.), Das Gebet im Religionsunterricht in interreligiöser Perspektive (243–263). Berlin: Frank & Timme GmbH Verlag für wissenschaftliche Literatur.

Schaller, Hans (1995): Gebet. IV. Systematisch-theologisch. In: Kasper, Walter (Hg.), Lexikon für Theologie und Kirche (3. völlig neu bearb. Aufl.). Bd. 4. (313–314). Freiburg/Basel/Rom/Wien: Herder.

Wagener, Hermann-Josef (2013): Das Gebetsverständnis junger Menschen und die religiöse Entwicklung. Jena: Wissenschaftsverlag Garamond.

Zimmermann, Christine & Möde, Erwin (2011): Spiritualität des Betens. Empirische Gebetsforschung. Berlin: LIT Verlag.

9

Religiöse Kleidung

»Manchmal frage ich mich, warum eine Kopfbedeckung wie ein Kapperl in der Schule bei uns erlaubt ist und eine andere nicht« (Lehrerin an einem Gymnasium).

»Ich höre manchmal, dass muslimische Burschen Mädchen nötigen, ein Kopftuch zu tragen und dass Schulkameraden sagen: ›Wenn du eine gute Muslimin sein willst, musst du das Kopftuch tragen!‹« (Lehrerin an einer Mittelschule).

»Ich trage mein Kopftuch bewusst und aus Überzeugung!« (18-jährige Gymnasiastin)

»In meiner Klasse ist ein Sikh mit einem Turban ... das war noch nie ein Problem« (Lehrer an einer Berufsschule).

9 Religiöse Kleidung

9.1 (Religiöse) Kleidung im Diskurs

Kleidung wird wahrgenommen. Sie ist nicht unbedeutend oder beliebig: Sowohl legerer Kleidungsstil bei Lehrpersonen als auch besondere Markenaffinitäten oder provokante Kleidung von Schüler*innen werden thematisiert. Schüler*innen und Lehrer*innen sind herausgefordert zu überlegen: Welche Kleidung darf, soll, kann und möchte ich in der Schule tragen?

Kleidung birgt immer kulturelle und soziale, mitunter auch weltanschauliche Bezüge. Kleidung ist eine individuelle Ausdrucksweise und gleichzeitig in kollektive Zusammenhänge eingebunden. Sie kann deshalb als »soziales Totalphänomen« (Mauss zit. n. König 1985, 7) verstanden werden. Mit ihr ist eine »Selbst-Präsentation zwischen Anspruch und Anforderung« (König 2007, 89) gegeben. Sie drückt neben persönlichen Motiven und Vorlieben soziale Zugehörigkeit und Unterscheidung aus. Kleidung dient dazu, sich selbst auf bestimmte Weise zu inszenieren, sie verweist auf Weltbilder und Orientierungssysteme. Sie kann ebenso zu sozialer Stigmatisierung führen, wenn sie der jeweiligen Peergroup nicht adäquat erscheint (Pezzoli-Olgiati/Höpflinger 2013, 12–14).

Religiöse Überzeugungen werden zum Teil mittels entsprechender Kleidung ausgedrückt. Umgekehrt erfolgen aufgrund bestimmter Kleidungsstücke oder spezifischer Accessoires religiöse Zuschreibungen von außen, selbst wenn dies von der tragenden Person nicht so intendiert ist. Religiös gedeutete Kleidung kann sowohl Ausdruck einer religiösen Überzeugung als auch Teil einer kulturellen Praxis sein – oder beides zugleich. Sie kann erzwungen sein oder frei gewählter Selbstausdruck. Selbst der Entscheidung, keine religiöse Kleidung zu tragen, ist eine Botschaft inhärent. Diese kann aus einer Haltung resultieren, in der religiöse Aspekte keine Rolle spielen, oder aus der Einstellung erwachsen, dass eine religiöse Überzeugung nicht in Kleidung ihren Ausdruck finden muss. Sie kann aber auch Konsequenz des Bemühens sein, keine Nachteile oder Diskriminie-

9.1 (Religiöse) Kleidung im Diskurs

rungen erfahren zu müssen (Pezzoli-Olgiati/Höpflinger 2013, 16–21; Grigo 2015, 191–250).

Religiös assoziierte Kleidungsstücke und Accessoires im öffentlichen Raum werden in Europa gesellschaftlich stark debattiert. Die Auseinandersetzungen gelten dabei in erster Linie der Frage nach der Verschleierung muslimischer Mädchen und Frauen. In einigen Ländern haben diese Dispute ihren Niederschlag in gesetzlichen Regelungen, konkret in Verboten der Gesichtsverhüllung, gefunden.

Orte, die sich grundlegend als religiös neutral verstehen, wie die Justiz oder die öffentliche Schule, geraten dabei oft in den Fokus der Auseinandersetzung [Zeichen/Symbole, ▸ Kap. 6; Unterrichtsinhalte, ▸ Kap. 13]. Darin zeigt sich nicht nur eine vorherrschende grundlegende Skepsis gegenüber sämtlichen religiösen Ausdrucksformen, sondern auch, wie unterschiedlich religiöse Ausdrucksweisen durch Kleidung der verschiedenen religiösen Traditionen bewertet werden. Werden einige überwiegend als unproblematisch eingeschätzt (*»In meiner Klasse ist ein Sikh mit einem Turban ... das war noch nie ein Problem«*), obwohl es hier genauso zu negativen Reaktionen kommen kann, spitzen sich bei anderen die Debatten zu, wie dies häufig beim Kopftuch von Musliminnen geschieht (*»Manchmal frage ich mich, warum eine Kopfbedeckung wie ein Kapperl in der Schule bei uns erlaubt ist und eine andere [wie das Kopftuch] nicht«*). Gesetzliche Regelungen in einzelnen europäischen Ländern, die eine religiös geprägte Kopfbedeckung in der Schule verbieten, richten sich mehr oder weniger explizit in erster Linie gegen Musliminnen, obwohl auch in anderen religiösen Traditionen Kopfbedeckungen vorgesehen sind – wie Patka und Turban bei Sikhs, die Kippa bei Juden, ein Schleier bei christlichen Ordensfrauen.

9.2 Religiöse Bekleidungsvorschriften

In verschiedenen religiösen Traditionen finden sich Bekleidungsformen und -vorschriften, mit denen die religiöse Überzeugung äußerlich zum Ausdruck gebracht wird. Für Menschen, die sich in besonderer Weise dem religiösen Leben verschreiben, wie beispielsweise Geistliche und Ordensleute, haben häufig umfassendere Regelungen Gültigkeit. Die für alle Gläubigen geltenden Vorschriften und tradierten Bekleidungsformen werden von verschiedenen Gruppierungen und Angehörigen einer religiösen Richtung als unterschiedlich verbindlich eingeschätzt. Von einigen Gläubigen werden sie strikt befolgt, von anderen hingegen nur in sehr lockerer Weise oder gar nicht beachtet. Die Bekleidungsvorschriften beziehen sich auch auf die Art der Kleidung, die verwendeten Materialien und die Verwendung von Schmuckstücken. Im Judentum ist für Kleidungsstücke z. B. eine »Schatneskontrolle« vorgesehen, bei der geprüft wird, dass keine nach der Tora verbotene Mischung aus Wolle und Leinen enthalten ist.

Religiös motivierte Bekleidungsweisen und -vorschriften können Männer und/oder Frauen betreffen. Im Sikhismus tragen gläubige Männer den charakteristischen Turban. Im Islam soll die Kleidung von Männern und Frauen nicht zu kurz und knapp sein. Das Bedeckungs- oder Verhüllungsgebot wird von muslimischen Frauen, die dieses Gebot als verbindlich erachten, in unterschiedlicher Weise verwirklicht: mit einem Kopftuch, bei dem nur die Haare bedeckt werden; einer Schaila, einem Schal, der locker um Kopf, Hals und Schulter geschlagen wird; einem Hijab, einem Tuch, das Haare, Ohren, Hals und Brustbereich bedeckt; einem Niqab, einer Kopf-, Hals- und Brustbedeckung mit einem Sehschlitz, der in Kombination mit einem langen Kleid getragen wird; einer Burka, einem weiten Gewand, das den ganzen Körper bedeckt, der gewebte Stoff vor den Augen aber das Sehen ermöglicht; einem Tschador, der einer Burka ähnelt, das Gesicht aber unbedeckt lässt (Citron; Pottmeyer 2011, 6–10; Religionswissenschaftlicher Medien- und Informationsdienst e.V.).

9.3 Was steckt hinter den Diskussionen um das Kopftuch in der Schule?

Das Kopftuch von Musliminnen stellt im westeuropäischen Raum das gesellschaftlich umstrittenste religiöse Kleidungsstück dar (Plüss 2013, v. a. 223-225). In den Diskussionen um das Kopftuch in der Schule sind vielfältige Argumentationslinien ineinander verflochten und wirken zusammen. Ein differenziertes Wissen um diese Diskurse kann dabei helfen, konkrete Auseinandersetzungen um das Kopftuch im Schulkontext – und damit eines diskutierten Exempels der grundlegenderen Frage um religiöse Kleidung in der Schule – zu analysieren und verschiedene Anliegen und Positionen besser auseinanderhalten und verstehen zu können. Vielfach sind die Debatten von extremen Vereinfachungen geprägt (Beck-Gernsheim 2007, 9-18).

Etwa ein Drittel der Musliminnen in Deutschland trägt ein Kopftuch (Haug et al. 2009, 195). Mit dem Tragen einer Kopfbedeckung gehen für viele Musliminnen in Westeuropa Diskriminierungserfahrungen einher, unabhängig davon, in welchen beruflichen Positionen sie tätig und wie erfolgreich sie sind (Dursun 2020, 314-317). In vielen Fällen wirken mehrere Ausgrenzungserfahrungen intersektional zusammen. Die Betroffenen fühlen sich vom gesellschaftlichen Leben ausgeschlossen oder marginalisiert: als Muslimin, als Frau, möglicherweise auch als Migrantin oder als sozial am Rand Stehende.

In der öffentlichen Debatte wird das Kopftuch oft mit eingeschränkter Autonomie und Unterdrückung gleichgesetzt. Gerade im schulischen Kontext wird es aufgrund dieser Assoziation als Widerspruch zum emanzipatorischen Anliegen von Bildung gesehen (Nökel 2004, 285; Beck-Gernsheim 2007, 52-54, 59; Kühn 2008, 43-45; Barskanmaz 2009, 373; Plüss 2013, 224). Dabei werden familiäre Zwänge oder das Ausüben von sozialer Kontrolle im Kontext der Peergroup ins Treffen geführt (»*Ich höre manchmal, dass muslimische Burschen Mädchen nötigen, ein Kopftuch zu tragen und dass Schulkameraden sagen: ›Wenn du eine gute Muslimin sein willst, musst du das Kopftuch tragen!‹*«). Berichte von Musliminnen, die mit einem Zwang, ein Kopftuch zu tragen, konfrontiert waren oder sind, bestärken und generalisieren solche Vorbehalte. Aufgrund eines medial häufig negativ konnotierten Islambildes und der gesellschaftlichen Tendenz, religiöse Ausdrucksformen überwiegend in den privaten Bereich zu verlagern, wird dem sichtbaren Zeichen des Kopftuchtragens nicht selten eine Nähe zu fundamentalistischen Strömungen oder eine (politische) Positionierung gegen westlich-demokratische Werte unterstellt (Kühn 2008, 45–49, 54–59; Barskanmaz 2009, 373; Plüss 2013, 224).

Verschleierung wird aber auch im Kontext von Sexualisierung gedeutet. In einer solchen Argumentationsrichtung werden Frauen, die ihre weiblichen Reize verhüllen, und Männer, die offensichtlich vor diesen Reizen geschützt werden müssen, in erster Linie als Sexualwesen gesehen: prinzipiell verführend bzw. triebgesteuert unbeherrscht (Holzleithner 2009, 350, 354).

Immer wieder wird das Kopftuch als identitätsstiftendes Merkmal für muslimische Frauen gerade in Europa wahrgenommen oder gedeutet. In einer solchen Perspektive wird das Kopftuch z.T. als bewusst gewählte Abgrenzung von der dominanten kulturellen Prägung, als Zeichen selbst gewählter Exklusion und des Anders-Seins verstanden (Kühn 2008, 40–42; Barskanmaz 2009, 372–373).

Solchen Zuschreibungen und Deutungen treten gerade muslimische Frauen klar entgegen. Sie wehren sich dagegen, dass ihre muslimische Identität in erster Linie an (k)einem Kopftuch festgemacht bzw. auf dieses reduziert wird. Das (Nicht-)Tragen des Kopftuches ist dementsprechend kein Indikator dafür, ob sich eine Frau als Muslimin definiert. Ebensowenig gibt es Aufschluss darüber, in welcher Weise sich eine Muslimin in ihrer religiösen Ausrichtung als »konservativ« oder »liberal« versteht und ist keinesfalls als kurzschlüssiger Hinweis auf eine fundamentalistische Ausrichtung oder als Skepsis gegenüber demokratischen Grundhaltungen zu deuten (Kühn 2008, 66–67).

Den verschiedenen Zuschreibungen von außen wird – durch Studien belegt – entgegengehalten, dass das Kopftuchtragen von der

9.3 Was steckt hinter den Diskussionen um das Kopftuch in der Schule?

Mehrheit der Musliminnen im deutschsprachigen Raum als bewusster, selbstbestimmter, individueller religiöser Akt verstanden wird (»*Ich trage mein Kopftuch bewusst und aus Überzeugung!*«) (Nökel 2004, 285, 297–298; Beck-Gernsheim 2007, 59–64; Haug et al. 2009, 205–206). Dabei kann mit einer solchen Praxis durchaus eine klare Positionierung gegen die westliche und/oder christliche Dominanz einhergehen, sie kann als Alternative in einem hoch sexualisierten Umfeld verstanden werden oder bewusst als zugleich traditionelles und traditionsüberschreitendes Mittel zum Einsatz kommen (Göle 2004, 23–24; Nökel 2004, 297–298; Beck-Gernsheim 2007, 60–61).

Im Schulkontext werden vor allem das Recht auf Religionsfreiheit und der freie Ausdruck eigener religiöser Überzeugung als Argument für die Möglichkeit, ein Kopftuch zu tragen, ins Treffen geführt.

Die Diskurslinien um das Kopftuch verlaufen nicht ausschließlich entlang von nominellen religiösen und weltanschaulichen Zugehörigkeiten. Auch innerislamisch und innerhalb einzelner islamischer Richtungen finden sich unterschiedliche Argumentations- und Denkweisen. Der Verpflichtungsgrad für Frauen, aus religiösen Gründen ein Kopftuch zu tragen, wird sehr unterschiedlich eingeschätzt. Positionen, die Verhüllung als Ausdruck der eigenen Glaubensüberzeugung als Notwendigkeit erachten, steht die Betonung der »Freiheit im Glauben« und dessen Ausdrucksweise oder überhaupt ein Aufruf zur »Entschleierung« (Kelek 2010, v.a. 146–160; Kelek 2011) gegenüber. Einigermaßen unbestritten ist allerdings, dass Verschleierung erst ab der Geschlechtsreife ein Thema ist.

Diese Diskurse sowie konkrete gesetzliche Rahmenbedingungen prägen sowohl das soziale und kulturelle Klima im Allgemeinen als auch Entscheidungen für persönliche Einschätzungen und Verhaltensweisen Einzelner im Besonderen. Individuelle Haltungen und Entscheidungen sind, als Anpassungsleistung oder Widerstand, immer vom sozialen und kulturellen Umfeld mitbeeinflusst.

9.4 Pädagogische Perspektiven

Wirkmächtigkeit gesellschaftlicher Debatten in der Schule

Die gesellschaftliche Zuspitzung der Auseinandersetzung um religiöse Kleidung – gerade um das Kopftuch – macht nicht vor der Klassentür Halt, sondern ist als öffentliches Diskursthema und entsprechend wirkmächtig in der Schule präsent. Seismographisch treffen mit den religiösen Praxen und Einstellungen der Mitglieder der Schulgemeinschaft die gesellschaftlich vertretenen, sehr unterschiedlichen Einschätzungen und Verhaltensweisen aufeinander: evtl. muslimische junge Frauen, die selbst ein Kopftuch tragen, und solche, die dies nicht tun, Personen, die einer Verhüllung wohlwollend gegenüberstehen, andere, die dies ablehnen und solche, die sich damit nicht näher auseinandersetzen (wollen).

Pädagogische Überlegungen angesichts gesetzlicher Regelungen

Gesetzliche Regelungen zu religiös gedeuteter Kleidung an Schulen – wie das Kopftuchverbot – beinhalten wie alle Gesetze Orientierungen und Normen und bringen neue Herausforderungen mit sich. Top-down-Maßnahmen verstärken den Eindruck, dass etwas als unbedingt regelungsbedürftig anzusehen ist. Im Fall des Kopftuchverbots kann dies dazu beitragen, dass stereotype Vorurteile gegenüber kopftuchtragenden muslimischen Frauen zunehmen und verschärft werden. Verbote und damit einhergehende legitimierte Sanktionsmöglichkeiten führen oft zu verhärteten Fronten zwischen denen, die widerstreitende Positionen einnehmen. Umso wichtiger ist es, pädagogische Perspektiven konkret vor Ort zu entwickeln und zu verwirklichen.

9.4 Pädagogische Perspektiven

(Präventive) exemplarische Themenbearbeitung/en

Als Ort der Bildung hat Schule die zentrale Aufgabe, gesellschaftlich umstrittene Themen zur Sprache zu bringen und zu bearbeiten. An der Kleidungsfrage wird dies auf grundsätzliche Weise an einem konkreten Feld religiöser Praxis bzw. der Selbstinszenierung möglich. Es gilt, die Schüler*innen zu begleiten: in begründeten Einstellungen und Entscheidungen zu Kleidung als religiöser Praxis, aber auch in der Gestaltung der Diskurse um diese. Was wird durch Kleidung zum Ausdruck gebracht? Wie werden Ausdrucksformen und dahinterliegende Entscheidungen beeinflusst? Wie (unterschiedlich) werden Bewertungen von (religiöser) Kleidung vorgenommen? Was spielt bei den verschiedenen Aushandlungs- und Diskursprozessen mit?

Das Wissen um das Mitwirken verschiedener Kräfte bei der Etablierung von prägenden (religiösen) Praxen sowie um die Bedeutung verschiedener Diskursstränge gibt Orientierung beim Analysieren und Ordnen verschiedener Ansichten und unterstützt dabei, auch Gegenpositionen einzuspielen und auf berechtigte Anliegen zu prüfen [Konfliktfall Religion, ▶ Kap. 12; Unterrichtsinhalte, ▶ Kap. 13]. Zu beachten ist, dass Kopftuchträgerinnen in der Klasse nicht in ungerechtfertigter Weise exponiert werden oder unter Rechtfertigungszwang geraten.

Bei aufkeimenden Spannungen, Missverständnissen und Konflikten sind in erster Linie die Lehrpersonen gefordert, diese zu thematisieren. Dies kann eine wesentliche Hilfe für die Schüler*innen darstellen. Dazu gehört, dass mögliche explizite Zwänge, wie das Aufstellen und Einfordern religiöser Normen durch Peergroup-Mitglieder, angesprochen, bewusst gemacht und reflektiert werden.

Eine besondere Ressource in der Bearbeitung solcher Themen stellen Religionslehrer*innen dar, die gegebenenfalls eine Brückenbauerfunktion zu den Eltern übernehmen können.

Die Frage nach religiöser Kleidung ist ein exemplarisches Feld, an dem die prinzipielle Frage nach (religiösen) Vorschriften, deren Bedeutung und dem Umgang mit ihnen deutlich werden kann. Letztlich geht es um das Ausloten der eigenen Lebensgestaltung zwischen

9 Religiöse Kleidung

Freiheit, Eingebunden-Sein und Zwang. Die Bearbeitung dieses grundsätzlichen Themenkreises beinhaltet für die Schule als Organisation immer auch die Herausforderung, das Zustandekommen schulischer (Kleidungs-)Regelungen und deren Einforderungen kritisch zu prüfen. Daran erweist sich, was gelebte Demokratie und Demokratiebildung bedeuten.

Interventions- und Deeskalationsstrategie

In sich zuspitzenden, prekären Situationen ist es Aufgabe der Schule, zum Schutz der anvertrauten Kinder und Jugendlichen erforderliche Interventionsschritte zu setzen, z. B. angesichts von Bedrohungen und Zwangsausübungen von Mitschüler*innen oder dem familiären Umfeld hinsichtlich einer bestimmten Art, sich zu kleiden. Dabei erweist sich eine am jeweiligen Standort konkret zu entwickelnde Interventions- und Deeskalationsstrategie als hilfreich.

Die Basis dazu bilden fortlaufende präventive Maßnahmen wie präventive Themenbearbeitungen und Übungen zur Heterogenitätsschulung.

Die Installation eines »Kummerkastens« ermöglicht den Schüler*innen, aktuell bedrängende Situationen zu verbalisieren, und bietet den Lehrpersonen eine Möglichkeit, auf anonymisierte Art Hinweise auf Konfliktszenarien in der Schule – auch solche in Kleiderfragen – zu erhalten, die noch unter ihrer »Wahrnehmbarkeitsgrenze« liegen.

Auffällige Veränderungen im Kleidungsstil einzelner Schüler*innen, die religiös motivierte Gründe vermuten lassen, können ein guter Anlass zu einer Nachfrage in einem persönlichen Gespräch sein. Klassenvorständ*innen bzw. Vertrauenslehrpersonen kommt dabei eine besondere Rolle zu.

Bei Spannungen in einer Gruppe um religiös motivierte Kleidungsfragen oder diesbezüglichen verbalen Auseinandersetzungen ist es angebracht, die Thematik mit der/n gesamten Klasse/n zu bearbeiten. Dabei empfiehlt es sich, über den konkreten Konfliktfall hinaus grundsätzlichere Fragestellungen – wie bereits im Rahmen präventiver Maßnahmen vorgesehen – intensiviert aufzugreifen. Das Miteinbeziehen von Religionslehrkräften bietet die Chance, dass religiöse Fachexpertise eingebracht wird, beispielsweise zu theologischen Deutungen des Kopftuchs. Je zugespitzter Situationen bereits sind, desto mehr legt sich eine mediative Vorgehensweise nahe, in der beigezogene Lehrer*innen oder schulnahe Personen wie Schulsozialarbeiter*innen, Schulpsycholog*innen oder schulfremde Expert*innen die Mediator*innenrolle übernehmen können [Unterrichtsinhalte, ▸ Kap. 13; Konfliktfall Religion, ▸ Kap. 12].

Eine analoge Vorgehensweise empfiehlt sich auch bei Konflikten, die in erster Linie vom familiären Umfeld ausgehen. Für das Gespräch mit den Eltern bzw. weiteren familiär Beteiligten kann die Mitwirkung einer weiteren Lehrperson, der Schulleitung, einer Religionslehrer*in oder weiteren Expert*innen einen Beitrag dazu darstellen, den zugrundeliegenden Vorstellungen und Ideen auf die Spur zu kommen und Lösungen zu finden, die die Freiheit aller wahren helfen [Elterngespräche, ▸ Kap. 5].

9.5 Reflexionsfragen

- Welche Erfahrungen hat die Schule in Kleidungsangelegenheiten und welche Erwartungen bestehen? Welche sind explizit formuliert (Schul- bzw. Hausordnung) und welche bleiben unausgesprochen?
- Welche Erfahrungen mit religiöser Kleidung gibt es an der Schule?
- Wie kann ein differenziertes Verständnis für die vielfältigen Diskurse um religiöse Kleidung an der Schule gefördert werden?
- Was sind mögliche Konfliktfelder hinsichtlich religiöser Kleidung und wie können auftretende Konflikte konkret bearbeitet werden?
- Welcher grundlegende Umgang mit Vorschriften und Regelungen ist an der Schule etabliert? Wie kommen diese zustande? Wie werden sie evaluiert? Wie werden sie durchgesetzt?

Literatur

Barskanmaz, Cengiz (2009): Das Kopftuch als das Andere. Eine notwendige postokoloniale Kritik des deutschen Rechtsdiskurses. In: Berghahn, Sabine & Rostock, Petra (Hg.), Der Stoff, aus dem Konflikte sind. Debatten um das Kopftuch in Deutschland, Österreich und der Schweiz (361–392). Bielefeld: transcript.

Beck-Gernsheim, Elisabeth (2007): Wir und die Anderen. Kopftuch, Zwangsheirat und andere Mißverständnisse. Frankfurt a. M.: Suhrkamp.

Citron, Aryeh: Gesetze für Kleidung. Online verfügbar unter: https://de.chabad.org/parshah/article_cdo/aid/1936081/jewish/Gesetze-fr-Bekleidung.htm [23.06.21].

Dursun, Sule (2020): Den eigenen Weg suchen und finden. Deutungsmuster von Religion und Religiosität bei Frauen türkischer Herkunft mit Universitätsabschluss in Wien. Wien: LIT Verlag.

Göle, Nilüfer (2004): Die sichtbare Präsenz des Islam und die Grenzen der Öffentlichkeit. In: Göle, Nilüfer & Ammann, Ludwig (Hg.), Islam in Sicht. Der Auftritt von Muslimen im öffentlichen Raum (11–44). Bielefeld: transcript.

Grigo, Jacqueline (2015): Religiöse Kleidung. Vestimentäre Praxis zwischen Identität und Differenz. Bielefeld: tanscript.

Haug, Sonja/Müssig, Stephanie & Stichs, Anja (hg. vom Bundesamt für Migration und Flüchtlinge) (2009): Muslimisches Leben in Deutschland. Forschungsbericht 6. Im Auftrag der Deutschen Islam Konferenz.

Holzleithner, Elisabeth (2009): Der Kopftuchstreit als Schauplatz der Debatten zwischen Feminismus und Multikulturalismus. Eine Analyse entlang der Bedingungen für Autonomie. In: Berghahn, Sabine & Rostock, Petra (Hg.), Der Stoff, aus dem Konflikte sind. Debatten um das Kopftuch in Deutschland, Österreich und der Schweiz (341–360). Bielefeld: transcript.

Kelek, Necla (2011): Für das Recht auf Kindheit ohne Kopftuch. In: Gemein, Gisbert (Hg.), Kulturkonflikte – Kulturbegegnungen. Juden, Christen und Muslime in Geschichte und Gegenwart (Schriftenreihe 1062) (296–300). Bonn: Bundeszentrale für politische Bildung.

Kelek, Necla (2010): Himmelsreise. Mein Streit mit den Wächtern des Islam, Köln: Kiepenheuer & Witsch.

König, Alexandra (2007): Kleider schaffen Ordnung. Regeln und Mythen jugendlicher Selbst-Repräsentation. Konstanz: UVK.

König, René (1985): Menschheit auf dem Laufsteg. Die Mode im Zivilisationsprozeß. Frankfurt a. M.: Suhrkamp.

Kühn, Peter (2008): Das Kopftuch im Diskurs der Kulturen (Interkulturelle Bibliothek 58). Nordhausen: Bautz.

Nökel, Sigrid (2004): Muslimische Frauen und öffentliche Räume. Jenseits des Kopftuchstreits. In: Göle, Nilüfer & Ammann, Ludwig (Hg.), Islam in Sicht. Der Auftritt von Muslimen im öffentlichen Raum (283–308). Bielefeld: transcript.

Pezzoli-Olgiati, Daria & Höpflinger, Anna-Katharina (2013): Second Skin. Ein religionstheoretischer Zugang zu Körper und Kleidung. In: Glavac, Monika/ Höpflinger, Anna-Katharina & Pezzoli-Olgiati, Daria (Hg.), Second Skin. Körper, Kleidung, Religion (Research in Contemporary Religion 14) (7–27). Göttingen: Vandenhoeck & Ruprecht.

Plüss, David (2013): Kopftuch, Turban und Salutistenmütze. Die Aussenwahrnehmung religiöser Kleidersymbolik im öffentlichen Raum. In: Glavac, Monika/ Höpflinger, Anna-Katharina & Pezzoli-Olgiati, Daria (Hg.), Second Skin. Körper, Kleidung, Religion (Research in Contemporary Religion 14) (219–236). Göttingen: Vandenhoeck & Ruprecht.

Pottmeyer, Maria (2011): Religiöse Kleidung in der öffentlichen Schule in Deutschland und England. Staatliche Neutralität und individuelle Rechte im Rechtsvergleich. Tübingen: Mohr Siebeck. Religionswissenschaftlicher Medien- und Informationsdienst e.V.: Informationsplattform Religion. Kleidungsvorschriften im Islam. Online verfügbar unter: https://www.remid.de/informationsplattform-religion-kleidungsvorschriften-im-islam/ [23.06.21].

10

Religiöse Essensregeln

»Wir erheben in Sachen Essen Unverträglichkeiten, Allergien, persönliche Vorlieben ... Religiöse Regelungen fallen da eigentlich gar nicht so ins Gewicht« (Hortleiterin an einer Mittelschule).
»An unserer Schule gibt's da einen pragmatischen Zugang. Es wird einfach kein Schweinefleisch angeboten. Damit sind einige Fragen und Schwierigkeiten von vornherein beseitigt« (Schulleiter an einer Grundschule).
»Ich seh' das eigentlich nicht wirklich ein, dass beim Essensplan auf diverse religiöse Sonderwünsche Rücksicht genommen werden soll. Ein Schweinsschnitzel gehört bei uns einfach dazu ... Und wenn jemand das nicht essen mag oder darf, soll er oder sie das einfach nicht essen, sondern das, was es als Beilage gibt. Punkt« (Lehrerin an einer Mittelschule).

10.1 Streit um's Schulbuffet

Dass Schule nicht nur ein Ort der Wissensvermittlung, sondern auch ein Lebensraum für alle Mitglieder der Schulgemeinschaft ist, zeigt sich wohl kaum so deutlich wie in der Frage um Essen und Trinken. Essensangebote in den Pausen, zu Mittag, bei Feiern sowie bei (mehrtägigen) außerschulischen Veranstaltungen werfen für Schulen eine Menge an Fragen auf. Die Herausforderungen umfassen dabei adäquate Räumlichkeiten und ein Angebot an Speisen, die den unterschiedlichen Bedürfnissen der Schüler*innen entsprechen. Zu berücksichtigen sind neben Gesundheitsaspekten, persönlichen Notwendigkeiten und Wünschen (»*Unverträglichkeiten, Allergien, persönliche Vorlieben*«) auch religiöse Essensvorschriften.

Für die einen stellt diese Rücksichtnahme auf religiöse Essensvorschriften im Schulkontext keine besondere Schwierigkeit dar und wird analog zu persönlichen Notwendigkeiten und Gewohnheiten gesehen (»*Religiöse Regelungen fallen da eigentlich gar nicht so ins Gewicht*«) und sehr pragmatisch gehandhabt (»*Es wird einfach kein Schweinefleisch angeboten. Damit sind einige Fragen und Schwierigkeiten von vornherein beseitigt*«). Andere verhandeln über Essen und Trinken hingegen sehr klar Zugehörigkeit und Ausschluss: »*Ich seh' das eigentlich nicht wirklich ein, dass beim Essensplan auf diverse religiöse Sonderwünsche Rücksicht genommen werden soll. Ein Schweinsschnitzel gehört bei uns einfach dazu. Und wenn jemand das nicht essen mag oder darf, soll er oder sie das einfach nicht essen, sondern das, was es als Beilage gibt. Punkt*«. In einem solchen Fall wird vorgegeben, dass sich alle an Vorgaben und Normen, die aus einer christlich-kulturellen Mehrheitsperspektive heraus formuliert werden, zu orientieren haben, unabhängig von den eigenen Überzeugungen oder Bedürfnissen. Schüler*innen, die sich an besondere Essensregeln halten müssen oder wollen, machen daher oft die Erfahrung, dass sie das sehr eigenständig zu organisieren haben.

10.2 Essen ist mehr als Nahrungsaufnahme

Grundlegungen

Essen und Trinken sind Grundvollzüge unseres Lebens und machen das menschliche Eingebunden-Sein und seine Abhängigkeit von allem Leben eindrücklich deutlich. Bei der Zubereitung von Essen gestalten Menschen nicht nur ihr Leben, sondern auch die nähere und fernere Welt. Essenszubereitung und das Essen selbst sind Kulturleistungen. Die Art und Weise, wie Menschen ihr Speiseverhalten gestalten, hängt zuinnerst mit ihrer Veranlagung als Sozialwesen zusammen. Dabei korreliert die Verschiedenartigkeit, mit der menschliches Zusammenleben gestaltet sein kann, mit unterschiedlichen Formen der Zubereitung von Essen sowie des Verspeisens und Genießens. Geteilte Vorstellungen der Gestaltung des Essens und das gemeinsame Mahl tragen innerhalb einer Gruppe zu einem Gemeinschaftsgefühl bei und werden identitätsstiftend verstanden.

Zwischen Gastlichkeit, Gastfreundschaft und dem gemeinsamen Essen und Trinken gibt es einen engen Bezug. Menschen, auch jene, die einander fremd sind, begegnen sich im Miteinander-Essen und -Trinken in einer besonderen Weise, die Gemeinschaft stiftet. In allen Kulturen finden sich deshalb Ordnungen, wie dem Fremden bzw. dem Gast zu begegnen ist und wie dieser sich zu verhalten hat (Schmidt-Leukel 2000, 11–19; Zaborowski 2007, 14–26; Ott 2017, 18–22).

Wird die identitätsstiftende Bedeutung von Essen stark betont, kann dies zur Ab- und Ausgrenzung führen. So beispielsweise, wenn Schweinefleisch essen und Alkohol trinken zum Ausweis von Integration werden: Wer dies teilt, wird als zugehörig wahrgenommen; wer nicht, der nicht.

Dabei unterliegen Essen und Trinken, die immer mit vielfältigen und unterschiedlichen kulturellen Praktiken verbunden sind, einem stetigen Wandel. Essen wird geregelt – ganz individuell, von Gruppen, von kulturellen und religiösen Traditionen, aber auch von globalen kommerziellen Interessen.

10.2 Essen ist mehr als Nahrungsaufnahme

Aktuelle Entwicklungen

Gegenwärtig gehen Essenspraktiken häufig mit gesundheitlichen Überlegungen einher, wobei einander entgegengesetzte Überzeugungen zu finden sind, die zu unterschiedlichen Empfehlungen und Richtlinien führen, was und wann zu sich genommen werden soll: »vegan, Low Carb, Steinzeitdiät (Paläo), Clean Eating, biologischdynamisch, anthroposophisch, glutenfrei, laktosefrei, zuckerfrei, makrobiologisch oder Ayurveda« (Burger 2019, 11).

Einige Essensverhaltensweisen sind auf Lebensmittelunverträglichkeiten und Allergien zurückzuführen. Bis zu 23 % der Menschen in Deutschland geben an, an einer solchen zu leiden (Weber 2014), demgegenüber zeigt die Faktenlage, dass (nur) etwa 5 % der Bevölkerung von Lebensmittelallergien betroffen sind (Leitlinie zum Management IgE-vermittelter Nahrungsmittelallergien).

Neben gesundheitlichen Aspekten spielen zunehmend Kriterien wie Umweltverträglichkeit und Nachhaltigkeit sowie Tierethik eine entscheidende Rolle (Hirschfelder et al. 2015). Diese Entwicklungen und Trends lassen sich global beobachten.

Essen und Trinken erweisen sich insgesamt zunehmend auf eindrückliche Weise als Teil eines umfassenderen Lebensstils und einer Lebenseinstellung. Dabei sinkt die Bedeutung von Ernährungs- und Speisevorschriften, die aufgrund der Zugehörigkeit zu einer religiösen Gemeinschaft eingehalten werden. Gleichzeitig steigt die Bedeutung von »säkularen« Ernährungs- und Speiseüberzeugungen und -regeln, die oft in größere, ideologische Vorstellungen von Mensch und Welt eingebettet sind. Ernährung ist so ein entscheidendes Mittel der eigenen Inszenierung, die auch politische und soziale Implikationen hat (Burger 2019, 136–138, 144–145).

10.3 Religiöse Essenskonventionen und -regelungen

Wenngleich sich in Westeuropa beobachten lässt, dass dezidiert religiös begründete Speisevorschriften gesellschaftlich keine große Beachtung mehr finden, können sie für religiöse Menschen dennoch von Relevanz, ja von lebensprägender Bedeutung sein. Wenn Essen und Trinken eine religiöse, sakrale Dimension erhalten, dann wird das (gemeinsame) Essen zum Zeichen der Geschwisterlichkeit, des Friedens und der Freiheit.

In vielen Religionen sind es vor allem Feier- und Festtage, an denen Essen und Trinken eine besondere Rolle spielen. Dabei wird oft Spezielles gegessen und getrunken. Aber auch die Art der Essenszubereitung und die alltägliche Nahrungsaufnahme unterliegen in verschiedenen Religionen speziellen Regelungen. Dies betrifft gerade die Zubereitung und das Essen von Fleisch (Zaborowski 2007, 27–29).

Den sich unterscheidenden Essensvorschriften in den Religionen ist gemeinsam, dass sie Teil einer weltanschaulichen Ausrichtung und der Verwirklichung der Vorstellung eines guten, heiligen Lebens sind.

Tab. 2: Essensvorschriften in den Religionen

	Judentum (»koscher«/»rein« - »trefah«/»unrein«)	Islam (»halal«/»rein« - »haram«/»unrein«)	Christentum
Unreine Speisen	Tiere ohne gespaltene Klauen; Tiere, die nicht wiederkäuen; bestimmte Vogelarten; Fische ohne Flossen und Schuppen; Blut; Fett; Aas und Gerissenes; Nervus ischiadicus	Aas; Blut; Schweinefleisch; was anderen Gottheiten außer Allah geweiht ist; Alkohol	früher umstritten: Götzenopfer; heute keine

10.3 Religiöse Essenskonventionen und -regelungen

Tab. 2: Essensvorschriften in den Religionen – Fortsetzung

	Judentum (»koscher«/»rein« – »trefah«/»unrein«)	Islam (»halal«/»rein« – »haram«/»unrein«)	Christentum
Schlachtvorschriften für reine Speisen	Schächtung (mit Segensspruch – bracha); anschl. Fleischbeschau zur Überprüfung	Islamische Schlachtung (unter Anrufung Allahs und Ausrichtung des Schlachttieres nach Mekka)	keine
Zubereitungsvorschriften für reine Speisen	Koscher-machen; Trennung von Milch und Fleisch; Arbeitsplatz muss koscher sein: getrenntes Geschirr/Kochzubehör für »Milchiges« und »Fleischiges«	Arbeitsgerät und Zutaten dürfen nicht »najis« (unrein) sein	keine

(in Anlehnung an: Röbkes 2013, 54–55)

Religiöse Essensvorschriften können in ihrem Ursprung neben dezidiert religiösen Gründen auch gesundheitliche und ökonomische Gründe umfassen, abhängig vom geographischen Kontext, den kulturellen Gepflogenheiten und dem ernährungsmäßig relevanten Wissensstand. Das Einhalten von Speiseregelungen ist aber Teil des eigenen (religiösen) Selbstverständnisses, aus dem heraus anderen Menschen sowie der Mit- und Umwelt begegnet wird. Solche Regelungen tragen dazu bei, das Irdische und Profane zu etwas Besonderem zu machen. Bei Reinheit oder Unreinheit ist nicht die hygienische oder medizinische Reinheit, sondern eine spirituelle Reinheit im Blick. Mit dem Einhalten religiöser Speisegebote wird zum Ausdruck gebracht, dass das Essen bewusst, überlegt und in Übereinstimmung mit der prinzipiellen Weltsicht gestaltet und deshalb nicht alles zu sich genommen wird, was möglich wäre. Die Regelungen können zum Nachdenken anregen sowie die Selbstbeherrschung trainieren und sollen die Gesundheit fördern. In einigen

Regelungen wird der Respekt gegenüber Tieren deutlich, andere erinnern an ein Ereignis oder eine Person.

Im Einhalten religiöser Essensregelungen zeigt sich das Bemühen um eine Lebensgestaltung, die an der Vorstellung eines guten und richtigen Lebens ausgerichtet ist. Religiöse Essensvorschriften entsprechen dem Grundgedanken, Richtiges zu tun – in der Konkretisierung, nur Geeignetes und Richtiges (»kultisch Reines«) zu sich zu nehmen. Die Nahrungsaufnahme birgt so wesentlich einen asketischen Aspekt [Fasten, ▶ Kap. 11].

Im Fall von Lebens- und Gesundheitsgefahr können wesentliche Teile religiöser Regelungen auch aufgehoben werden (Buckenhüskes & Omran 2004, 65–66; Spiegel 2005, 176–179; Heine 2000; Lapide & Lapide 2000; Fleischmann 2009, 238–240).

10.4 Pädagogische Perspektiven

Schaffen entsprechender (Essens-)Räume in der Schule

Im schulischen Kontext ist es hinsichtlich der Aufmerksamkeit für den Bereich des Essens generell wichtig, entsprechende (Pausen-)Zeiten und Räume zu schaffen, in denen das Essen in einer positiven und einladenden Atmosphäre erfolgen kann.

Aufmerksame Angebote

Angesichts verschiedener individueller Notwendigkeiten und Vorlieben sowie kultureller Gepflogenheiten stellen religiöse Essensvorschriften einen berücksichtigenswerten Aspekt dar. Es ist hilfreich, wenn religiöse Perspektiven berücksichtigt werden, um allen Mitgliedern der Schulgemeinschaft auch in dieser Hinsicht das Gefühl der Zugehörigkeit im Lebensbereich Schule zu ermöglichen. Pragmatische Regelungen, die für niemanden eine große Einschränkung bedeuten, bieten sich an, um Ausgrenzungen und Schwierigkeiten von vornherein zu vermeiden. Das Angebot von Speisen ohne Schweinefleisch und ein alternatives vegetarisches Essensangebot erleichtern einiges und verhindern Unklarheiten. Beispielsweise können jüdische sowie muslimische Gläubige aus religiöser Perspektive einen Gutteil in dieser Form angebotenen Speisen bereits bedenkenlos konsumieren. Solche Initiativen signalisieren allen Schüler*innen Aufmerksamkeit für ihre Lebensgewohnheiten und Anliegen.

Transparente Kommunikation der Möglichkeiten

Von Vorteil ist es, wenn die kulinarischen Angebote in ihren Möglichkeiten und Grenzen, die sich auch aufgrund von Verträgen mit Essenslieferant*innen ergeben können, am Beginn eines Schuljahres offen thematisiert werden und die Schüler*innen bzw. deren Eltern die Gelegenheit erhalten, aus medizinischen und religiösen Gründen gegebene Erfordernisse zu artikulieren. Bei jüngeren Schüler*innen sind eindeutig die Eltern Ansprechpersonen, weil Kinder hinsichtlich Nachfragen, ob sie eine bestimmte Speise essen dürfen, überfordert sein können. Es ist sicher nicht immer und überall möglich, auf alle individuellen Essenswünsche einzugehen, aber die Schule kann in solchen Fällen gewährleisten, dass in der (Mittags-)Pause das von den Schüler*innen selbst mitgebrachte Essen im Klassenzimmer oder in ausgewiesenen (Pausen-)Räumen zu sich genommen werden kann. So können meist praktikable Regelungen gefunden und Konflikte und Ausgrenzungserfahrungen möglichst vermieden werden.

Agieren im Konfliktfall

In einem Konfliktfall ist angezeigt, die betreffenden Parteien zu einem Gespräch zu bitten. In einem solchen stellt das Darlegen der

Erfordernisse, Wünsche und der dahinterliegenden Motivationen aller Beteiligten den Ausgangspunkt dar, um pragmatische und kreative Regelungen zu finden, mit denen alle gut leben können. Das Beiziehen von Expert*innen im Schulkontext, die zu diesem Themenbereich verschiedene Kompetenzen einbringen (wie Schulärztin, Lehrpersonen für ›Ernährung und Haushalt‹, Religionslehrkräfte), kann aufgrund deren Außenperspektiven hilfreich und deeskalierend wirken [Unterrichtsinhalte, ▶ Kap. 13; Konfliktfall Religion, ▶ Kap. 12].

»Essen und Trinken« als Unterrichtsthema

»Essen und Trinken« ist ein lohnendes Unterrichtsthema, weil darin individuelle, kollektive und kulturelle, aber auch gesundheitliche, ethische und religiöse Aspekte eindrücklich zusammenspielen. Für ein fächerübergreifendes Projekt, das verschiedene Aspekte in den Blick nimmt, ist es – idealerweise unter Berücksichtigung des Aspekts des Fastens – geradezu prädestiniert [Themenbearbeitung zu »Fasten«, ▶ Kap. 11].

> **Beispiel: Kommunikation der Essensmöglichkeiten an einem Gymnasium**
>
> Die Direktorin bittet die Klassenvorstände zu Beginn des Schuljahres, die Eltern im Rahmen des Elternabends bzw. über eine Aussendung hinsichtlich der Essensangebote der Schule im Rahmen der Mittagsverpflegung und bei Schulveranstaltungen zu informieren. Die Schule verpflichtet sich darin, ausgewogenes und gesundes Essen bereitzustellen, wobei pro Mahlzeit jedenfalls ein vegetarisches Gericht zur Auswahl steht. Darüber hinausgehende medizinische (Allergien, Unverträglichkeiten, …) und religiöse Essenserfordernisse der Kinder können nicht generell berücksichtigt werden. In den am Wochenende für die Folgewoche zugänglichen Speiseplänen werden Allergene ausgewiesen. An Tagen, an denen für ein*e Schüler*in kein entsprechendes Gericht dabei ist,

kann eine alternative Speise mitgebracht bzw. am Schulkiosk etwas Passendes gekauft werden.

Bei darüber hinausgehenden Erfordernissen bitten die Klassenlehrer*innen um Kontaktaufnahme, sodass im Einzelfall praktikable Lösungen gefunden werden. Zudem werden die Religionslehrer*innen als Kontaktpersonen angeführt, die zu theologischen Fragen Auskunft geben können.

10.5 Reflexionsfragen

- Wie sind die Essensräume und -zeiten an der Schule gestaltet?
- Welche Bedeutung kommt dem Essen und Trinken in der Schule zu? Ist es mehr als lediglich Nahrungsaufnahme?
- Von wem und wie werden persönliche Notwendigkeiten und Wünsche der Mitglieder der Schulgemeinschaft hinsichtlich der Essensgestaltung im Schulkontext erhoben, inwiefern finden sie Berücksichtigung im Schulalltag und wie werden sie kommuniziert?
- Wie kann die gemeinschaftsstiftende Funktion von Essen im Schulkontext gestärkt werden, ohne dass sie durch Ab- und Ausgrenzungen geschieht?
- Wird »Essen und Trinken« im Unterricht thematisiert? Wie und unter Berücksichtigung welcher Aspekte? Inwiefern spielt auch die religiöse Dimension eine Rolle?

Literatur

Buckenhüskes, Herbert J. & Omran, Helmy T. (2004): Muslimische Speisegesetze und daraus resultierende Konsequenzen für die Auswahl und die Herstellung von Lebensmitteln. In: Buckenhüskes, Herbert J. (Hg.), Symposium Ethische und ethnische Aspekte bei der Auswahl und der Herstellung von Lebensmitteln (61–79). Bonn: Gesellschaft deutscher Lebensmitteltechnologien e.V. (GDL).

Burger, Kathrin (2019): Foodamentalismus. Wie Essen unsere Religion wurde. München: riva.

Fleischmann, Lea (2009): Heiliges Essen. Das Judentum für Nichtjuden verständlich gemacht. Frankfurt a. M.: S. Fischer.

Heine, Peter (2000): Nahrung und Nahrungstabus im Islam. In: Schmidt-Leukel, Perry (Hg.), Die Religionen und das Essen (79–93). Kreuzlingen/München: Diederichts.

Hirschfelder, Gunther/Ploeger, Angelika/Rückert-John, Jana & Schönberger, Gesa (Hg.) (2015): Was der Mensch essen darf. Ökonomischer Zwang, ökologisches Gewissen und globale Konflikte. Wiesbaden: Springer.

Lapide, Pincha & Lapide, Judith (2000): Koscher essen – ein Stück jüdischer Identität. In: Schmidt-Leukel, Perry (Hg.), Die Religionen und das Essen (71–77). Kreuzlingen/München: Diederichs.

Leitlinie zum Management IgE-vermittelter Nahrungsmittelallergien. Online verfügbar unter: https://www.awmf.org/uploads/tx_szleitlinien/061-031l_S2k_Management_IgE-vermittelter_Nahrungsmittelallergien_2016-06-verlaengert.pdf [04.01.21].

Ott, Christine (2017): Identität geht durch den Magen: Mythen der Esskultur. Frankfurt a. M.: S. Fischer.

Röbkes, Marion (2013): Religion, Ernährung und Gesellschaft. Ernährungsregeln und -verbote in Christentum, Judentum und Islam. Hamburg: Dimplomica.

Schmidt-Leukel, Perry (2000): Heiligkeit des Essens. Über den Zusammenhang von Essen und Religion. In: Schmidt-Leukel, Perry (Hg.), Die Religionen und das Essen (9–20). Kreuzlingen/München: Diederichs.

Spiegel, Paul (2005): Was ist koscher? Jüdischer Glaube – Jüdisches Leben. Berlin: Ullstein.

Weber, Nina (2014, 16. April): Gluten, Laktose, Histamin. Fast jeder Vierte meidet bestimmte Lebensmittel. In: Der Spiegel. Online verfügbar unter: https://www.spiegel.de/gesundheit/ernaehrung/gluten-laktose-histamin-23-prozent-klagen-ueber-unvertraeglichkeiten-a-975015.html [04.01.21]

Zaborowski, Holger (2007): Essen, Trinken und das gute Leben. Überlegungen aus philosophischer Sicht. In: Loos, Stephan & Zaborowski, Holger (Hg.), »Essen und Trinken ist des Menschen Leben« (14–43). Zugänge zu einem Grundphänomen. München: Karl Alber Freiburg.

11

Religiöses Fasten

»Also mir ringt das schon Respekt ab, wie konsequent und diszipliniert Fatima die muslimischen Fastenvorschriften einhält« (Lehrer an einem Gymnasium).

»Voriges Jahr hatte ich ein Kind in einer Vierten, ein Mädchen, das unbedingt fasten wollte. Aber weil sie eine wichtige Rolle in der Schülerliga beim Fußball spielt, haben wir ihr gesagt, dass sie da nicht mitmachen kann, wenn sie nichts trinkt. Und da hat sie es sich dann wieder überlegt« (Lehrerin an einer Grundschule).

»Puh ... Fastenregeln der verschiedenen religiösen Traditionen beachten auch noch. Als ob wir sonst keine Probleme in der Organisation eines Schuljahres hätten!« (Administrator an einem Gymnasium)

11 Religiöses Fasten

11.1 Streitpunkt Fasten in der Schule

Nicht nur das Essen, auch der Verzicht auf Essen ist ein präsentes und durchaus umstrittenes Thema in der Schule. Neben Unverträglichkeiten und Essstörungen, die mit Fortschreiten der jeweiligen Erkrankung eine zunehmende Unfreiheit hinsichtlich des Essverhaltens nach sich ziehen, sind es frei gewählte, religiös motivierte Formen des Fastens, die für Aufsehen und manchmal für Unmut im Schulleben sorgen. Dieser wird hervorgerufen, wenn Heranwachsende durch Fastenpraktiken körperlich nicht voll belastbar sind, wenn der übliche Lebensrhythmus durcheinandergerät und sich andere (Schlaf-)Gewohnheiten entwickeln oder wenn Wachheit, Aufmerksamkeit und Leistungsfähigkeit nachlassen.

Für Jugendliche kann die Beteiligung an (religiösen) Fastenpraktiken neben der Teilnahme am sozialen Leben der Erwachsenen auch einen Reiz der Herausforderung und der Erprobung beinhalten. Es geht damit ein Austesten, das Ausloten körperlicher Grenzen oder die Frage nach Durchhalten einher. Dies löst bei beobachtenden Personen durchaus Bewunderung vor der Bereitschaft zur persönlichen Disziplin aus (»*Also mir ringt das schon Respekt ab, wie diszipliniert Fatima die muslimischen Fastenvorschriften einhält*«).

Je jünger die Schüler*innen sind, umso größer ist die Sorge von Lehrpersonen, wenn Kinder und Jugendliche durch freiwillig gewählte Fastenübungen an ihre Grenzen gehen – oder auch darüber hinaus. Die aufgetragene Sorgfaltspflicht wird Lehrpersonen dabei deutlich. Dies kann zu Erleichterung führen, wenn Schüler*innen die gewählte Fastenpraxis durch die Ausübung mehr oder weniger subtilen Drucks wieder aufgeben (»*Voriges Jahr hatte ich ein Kind in einer Vierten, ein Mädchen, das unbedingt fasten wollte. Aber weil sie eine wichtige Rolle in der Schülerliga beim Fußball spielt, haben wir ihr gesagt, dass sie da nicht mitmachen kann, wenn sie nichts trinkt. Und da hat sie es sich dann wieder überlegt*«).

Die dezidierte Berücksichtigung von gebotenen Fasttagen der verschiedenen religiösen Traditionen bei der Gestaltung des Schuljahres, gerade bei Leistungsfeststellungen oder Schlussprüfungen im höheren Schulbereich scheint für die Schulverwaltung oftmals überfordernd zu sein (»Puh ... *Fastenregeln beachten auch noch. Als ob wir sonst keine Probleme in der Organisation eines Schuljahres hätten!*«). Für Schulen bleibt die Frage bestehen, wie sie einerseits den religiösen Bedürfnissen von Schüler*innen nachkommen und andererseits einen geregelten Schulablauf garantieren können.

11.2 Weshalb (religiöses) Fasten?

Fasten – auch säkular

Fasten ist (nur) dann gegeben, wenn es sich bei der Enthaltung oder Abstinenz von gewissen Nahrungsmitteln – Getränken oder Speisen – um ein frei gewähltes Tun handelt. Etymologisch leitet sich der Begriff vom althochdeutschen »fasten« ab, das so viel wie »festhalten, beobachten, bewachen von Geboten der Enthaltsamkeit« bedeutet. Dies bedeutet, dass Unverträglichkeiten oder Essstörungen, in denen der Aspekt der Freiwilligkeit eingeschränkt ist, nicht als Fasten zu verstehen sind (Dirnbeck 2003, 142; Fritzsche 2008, 15).

Die vielfältigen Fastenaktivitäten in der modernen westlichen Gesellschaft dienen vorwiegend der körperlichen Fitness, der Verwirklichung eines Schönheitsideals oder einem größeren Wohlbefinden. Gesundheit, Leistungsfähigkeit und Schönheit sind gesellschaftlich anerkannte Motive für Enthaltsamkeit bei der Ernährung. Aber auch andere Motive führen zu einem bestimmten Ernährungsverhalten. Für die immer verbreiteteren vegetarischen und veganen Ernährungsweisen werden neben Gesundheitsaspekten beispielsweise v. a. tierethische und klimafördediche Aspekte ins Treffen geführt (Fritzsche 2008, 15–16).

Religiöses Fasten

Es gibt religiöse Gründe, die Menschen zum Fasten bewegen. In allen religiösen Traditionen finden sich Fastenvorschriften und Fastenzeiten, die in der konkreten Ausgestaltung sehr unterschiedlich aussehen können. Fasten in religiöser Absicht verfolgt keinen Selbstzweck. Wesentliches Anliegen ist es, die Beziehung zum Göttlichen, zu den Mitmenschen und zu sich selbst zu reflektieren, zu festigen und bewusster zu gestalten. »Fasten will bereiten, will reinigen, will befreien und hinführen« (Dienberg 2008, 335). Die Motivation ist durchwegs spirituell, die Wirkung des Fastens ist aber wesentlich auch gemeinschafts- und persönlichkeitsbildend.

Religiöses Fasten dient dem Anliegen, innerweltliche Gegebenheiten und Verflochtenheiten nicht absolut zu setzen, sondern sich als gläubiger Mensch der Ausrichtung am Göttlichen zu vergewissern und diese zu stärken. Fasten stellt so den körperlichen Ausdruck dieser geistigen Ausrichtung dar, der diese unterstützt und begleitet. Es ist Teil eines ganzheitlichen Bemühens. Religiöses Fasten hat wesentlich auch einen Sensibilisierungs- und Solidaritätseffekt gegenüber anderen Menschen, besonders für diejenigen, die zu wenig für ein gutes Leben haben und täglich um ihre Existenz kämpfen müssen. Es geht in diesem Sinn um das Bemühen um ein gutes, solidarisches Leben miteinander. Darüber hinaus kommt es dem/der Einzelnen selbst zugute, insofern es der körperlichen Entschlackung dient und das Erleben der Möglichkeit einer bewussten und entschiedenen Lebensgestaltung stärkt.

Konkreter Anlass von religiösem Fasten kann sein, sich auf ein bestimmtes religiöses Fest vorzubereiten oder Buße für Verfehlungen zu tun. Damit ist jeweils der Gedanke einer Entschlackung bzw. Reinigung und der Konzentration auf Wesentliches verbunden.

Das Teilen des Einhaltens von religiösen Fastengeboten und Fastenvorschriften mit einer religiösen Gruppe sowie das gemeinsame Begehen des Endes von Fastenzeiten werden als stärkend erlebt und fördert die jeweilige Gemeinschaft (Dirnbeck 2003, 144–148; Dienberg 2008, 334–337; Fritzsche 2008, 40–42; Wellershoff-Schuur 2017, 99–101).

Grundlegend können bei religiös motiviertem Fasten mit Abbruchfasten sowie Enthaltungs- oder Abstinenzfasten zwei unterschiedliche Formen unterschieden werden.

Abbruchfasten meint, dass für einen bestimmten Zeitraum – z. B. einen Tag – überhaupt keine Speisen zu sich genommen werden oder nur eine Sättigung am Tag erfolgt. So ist beispielsweise in katholischer Tradition an Aschermittwoch und Karfreitag nur eine einmalige Sättigung vorgesehen, für Muslim*innen ist im Fastenmonat Ramadan von Sonnenauf- bis Sonnenuntergang umfassende Enthaltsamkeit vorgesehen, die Speisen, Flüssigkeit, Zigaretten, Sexualität und spezifische Formen der verbalen Ausdrucksweise umfasst.

Enthaltungs- oder Abstinenzfasten bedeutet, dass man sich bestimmter besonderer Nahrungsmittel bzw. Speisen an gewissen Tagen enthält. Dies ist beispielsweise bei einem Verzicht auf Fleisch, Fisch, Eier, Milchprodukte und Öl der Fall, wie dies in den Fastenzeiten im Bereich der christlichen Orthodoxie üblich ist (Dirnbeck 2003, 145–146).

In jeglichen religiösen Traditionen gelten die Fastengebote nicht für alle Menschen. Ausgenommen sind in der Regel Kinder, Kranke, Schwangere, Menstruierende, alte Menschen und Reisende. Auch Schwerstarbeit leistende Menschen sind z. T. explizit befreit. Im Islam sind Erwachsene angehalten, Fastentage, die sie aufgrund besonderer Umstände nicht einhalten können, in selber Anzahl nach dem Fastenmonat nachzuholen (Dirnbeck 2003, 150, 153–154; Fritzsche 2008, 128–129, 139–141; Wellershoff-Schuur 2017, 105).

11.3 Fasten in den Religionen

In allen religiösen Traditionen ist Fasten ein ganzheitliches, spirituelles Geschehen, das nicht nur Verzicht, sondern auch die Besinnung auf das Wesentliche und Solidarität mit anderen bedeutet. Die konkrete »äußere Seite«, die Art der körperlichen Askese unterscheidet sich in den verschiedenen Traditionen – und wird in der Folge kurz skizziert.

Fasten im Judentum

Jüdinnen und Juden fasten u. a. zur Vorbereitung auf große religiöse Feste oder anlässlich eines Trauertags. Ein völliger Verzicht auf Essen und Trinken, Rauchen, körperliche Reinigung, Sexualität und Arbeit dauert dabei maximal vom Sonnenuntergang des Vorabends bis zum Sonnenuntergang des folgenden Tages, also höchstens 25 Stunden. Solch ein »langer« Fasttag ist in erster Linie Jom Kippur (Versöhnungstag). »Kurze Fasttage« beginnen nicht am Vorabend, sondern mit der Morgenröte. Einen Tag vor Pessach sollen alle Erstgeborenen fasten, um sich an die Errettung der israelitischen Erstgeborenen zu erinnern, vor ihrem Hochzeitstag sollen Braut und Bräutigam fasten, um Sühne für Fehler in der Vergangenheit zu leisten und den Beginn einer neuen Lebensphase zu markieren.

Tradition ist es auch, in Zeiten des Unglücks oder von Gefahr zu fasten. Darüber hinaus halten fromme Juden gelegentlich ein Wochenfasten, an dem am Montag und Donnerstag erst ab Mittag gegessen und getrunken wird (Mantel 1983, 47; Dirnbeck 2003, 150–151; Lau 2005, 224–226; Fritzsche 2008, 128–131; Stern 1999, 79–83, 158–159, 225–228).

Fasten im Christentum

Römisch-Katholisch
Die traditionell recht umfangreichen und strengen Fastenregeln der katholischen Kirche haben mit den Neuregelungen nach dem II. Vatikanischen Konzil (1962–1965) deutliche Lockerungen erfahren. Traditionell waren Mittwoch und Freitag Fasttage. In Erinnerung an das Sterben Jesu ist bis heute der Freitag ein Abstinenztag, an dem von manchen Gläubigen auf Fleisch verzichtet wird. Als verbindlich

gebotene Fast- und Abstinenztage gelten nur mehr Aschermittwoch und Karfreitag. Dabei wird auf Fleisch gänzlich verzichtet und nur ein Sättigungsmahl eingenommen.

Evangelisch/reformiert
Im Zuge der Reformation wurden kirchliche Fastengebote wegen ihrer Gesetzlichkeit und Verdienstlichkeit kritisiert und für obsolet erklärt. Lange fasteten einige evangelische Christ*innen noch am Karfreitag und vor dem Abendmahl, seit der Aufklärung verschwand dies aber völlig. Erst in jüngster Zeit wird das Fasten als freiwillige spirituelle Erfahrung neu entdeckt.

Orthodox
In den orthodoxen Kirchen wird jeder Mittwoch und jeder Freitag als eintägige Fastenzeit begangen. Wichtigste mehrtägige Fastenzeit ist die Große Fastenzeit, sieben Wochen als Vorbereitung auf das Osterfest. Weitere kürzere Fastenzeiten gibt es vor den Festen Petrus und Paulus, Mariä Entschlafung sowie Weihnachten. Aufgrund der Orientierung an unterschiedlichen Kalendern (gregorianisch und julianisch) fallen die Feiertage je nach Tradition auf unterschiedliche Termine (z. B. Weihnachten gregorianisch 25.12., julianisch 07.01.). Die Fastenregeln in den verschiedenen orthodoxen Kirchen unterscheiden sich, sie sind auch nicht für alle Fasttage gleich. Zum Großteil wird dabei auf Fleisch, Fisch, Eier, Milchprodukte und Öl verzichtet.

(Hall & Crehan 1983, 50–58; Dirnbeck 2003, 151–155; Fritzsche 2008, 131–138; Kolundzic [nur zur Orthodoxie]; Wellershoff-Schuur 2017, 105–108)

Fasten im Islam

Muslime fasten im Ramadan, dem neunten Monat des islamischen Mondkalenders. Im Vergleich zum Sonnenkalender verschiebt sich der Monat Ramadan zwischen zehn bis zwölf Tage pro Jahr nach vorne und durchschreitet so alle Jahreszeiten.

Im Ramadan nehmen Gläubige von Sonnenauf- bis Sonnenuntergang (von und bis ein weißer Faden von einem schwarzen [nicht mehr] zu unterscheiden ist) weder feste noch flüssige Nahrung zu sich, verzichten auf Tabak und enthalten sich sexuell. Das tägliche Fastenbrechen (»Iftar«) nach Sonnenuntergang wird gewöhnlich mit einer Dattel und einem Schluck Wasser eröffnet, weil auch der Prophet Mohammed sein Fasten mit Datteln gebrochen haben soll. Nach Möglichkeit wird das abendliche Mahl gemeinschaftlich mit anderen eingenommen.

Der Monat Ramadan ist durch besonderes Augenmerk auf wohltätiges Engagement und gemeinschaftliche Gebete geprägt (Dirnbeck 2003, 149–150; Fritzsche 2008, 138–141; Halm 2008, 65–67; Wellershoff-Schuur 2017, 101–105).

11.4 (Religiöses) Fasten als Thema in der Schule

(Religiöses) Fasten von Kindern und Jugendlichen

Aus einer gesundheitlichen Perspektive ist festzuhalten: Je jünger Kinder sind, desto problematischer kann Fasten sein. Gerade das Trinken ist für Kinder wichtig.

In allen religiösen Traditionen gelten die Fastenverpflichtungen der Erwachsenen nicht in gleicher Weise für Heranwachsende. Diese begegnen Fastenvorschriften durchaus unterschiedlich: Während bei den einen die Frage dominiert, ob sie schon fasten müssen, wollen andere sich bewusst am Fasten beteiligen, um in voller Form in das damit verbundene soziale Leben eingebunden zu sein. Teilnahme am Fasten bedeutet für sie, einen Schritt in die Erwachsenenwelt zu tun, obwohl Jugendliche erst mit der Pubertät als religiös mündig und eigenverantwortlich gelten. Für gläubige Muslim*innen ist der Monat Ramadan mit dem abendlichen, meist gemeinschaftlichen Fastenbrechen besonders wichtig.

In allen religiösen Traditionen gibt es Überlegungen, wie Kinder schrittweise und altersgerecht an das Fasten herangeführt werden können: durch Fasten für einen eingeschränkten Zeitraum (z. B. ein Viertel- oder Halbtag) oder den Verzicht auf bestimmte Nahrungsmittel (wie Süßigkeiten). Im Islam gibt es zudem die Möglichkeit – und Pflicht –, »versäumte« Fastentage nachzuholen. Bei Jugendlichen, die sich bereits an der vollumfänglichen islamischen Fastenform beteiligen, bietet dies die Option, an anstrengenden Schultagen Nahrung zu sich nehmen zu können und diesen »versäumten« Fasttag unter einfacheren Bedingungen innerhalb eines Jahres nachzuholen (Neuköllner Empfehlung des Bezirksamtes).

Generelle Themenbearbeitung in der Schule

Im Rahmen einer präventiven Themenbearbeitung der Fastenthematik legt es sich nahe, die unterschiedlichen Kompetenzen innerhalb der Schulgemeinschaft einzubringen: Ernährungslehrpersonen (EH) bzw. Biologielehrer*innen (BU) und Schulärzt*innen (Arzt/Ärztin), die den gesundheitlichen Aspekt des Fastens beleuchten; Philosophie-, Ethik- und Religionslehrkräfte (Phil./Eth., RU), die um die spirituelle und religiöse Bedeutung des Fastens in verschiedenen weltanschaulichen Traditionen wissen. Bei einem fächerübergreifenden Projekt, das auch das Thema »Essen« berücksichtigt, können weitere Bereiche – wie Chemie (CH), Geographie (GG), Geschichte und Sozialkunde (GS), Kunst (K) – berücksichtigt werden. Die verschiedenen Herangehensweisen und Perspektiven gewährleisten nicht nur ein tieferes Verständnis, sondern verdeutlichen exemplarisch Chance und Bedeutung einer multidimensionalen Auseinandersetzung mit einem Themenfeld.

11 Religiöses Fasten

Tab. 3: Fächerübergreifendes Projekt zum Thema »Essen«

Schulische Fächer bzw. Zugänge	Arzt/Ärztin	EH	BU	CH	GG	GS	K	Phil./Eth.	RU
Allgemeine Informationen über gesunde Ernährung und kritische Auseinandersetzung mit verschiedenen, auch religiösen, Ernährungs- und Diätvorschlägen	x	x	x					x	x
Praktische Essenszubereitung		x							
Analyse verschiedener Lebensmittel und deren Bedeutung bzw. Auswirkung für den Menschen durch die Nahrungsaufnahme	x	x	x	x					
Mediale Darstellung von Essen (z. B. Instagram-Profile)							x	x	x
Soziale Dimension von Essenskulturen und -praktiken verschiedener Zeiten und Regionen in Wort und Bild		x			x	x	x	x	x
(Globale) Herkunft und Produktion von Lebensmitteln und Auswirkungen der jeweiligen Ernährungsweise		x	x		x			x	x
Auseinandersetzung mit gesundheitlichen, ethischen, spirituellen Begründungen von Essensverzicht	x	x	x					x	x

Bearbeitungen im Konfliktfall

In Fällen, in denen durch das Fasten eine Beeinträchtigung im Schulalltag spürbar wird, empfiehlt sich, eine altersgerechte Situationsverbesserung mit dem familiären Umfeld der betreffenden Schüler*innen

11.4 (Religiöses) Fasten als Thema in der Schule

zu suchen. Wichtig ist dabei, die Anliegen der verschiedenen Beteiligten zu hören und Lösungen, wie sie auch von den verschiedenen religiösen Gemeinschaften im Sinne der Fastenanbahnung bei Kindern vorgeschlagen werden, zu entwickeln. Hilfreich kann das Hinzuziehen von Schulärzt*innen und Religionslehrer*innen der jeweiligen religiösen Traditionen sein [Elterngespräche, ▸ Kap. 5; Unterrichtsinhalte, ▸ Kap. 13; Konfliktfall Religion, ▸ Kap. 12].

Fasten – im Sinne der Konzentrationsschulung – als Bildungsaufgabe

Die Aufmerksamkeit für religiöse Fastentraditionen kann anregen, den Blick auf Zentrales im Schulleben zu lenken. Mit freiwilliger Beschränkung und der Besinnung auf Wesentliches rückt eine grundlegende Haltung für Bildungsprozesse ins Blickfeld. Bedeutende Lernprozesse setzen Beschränkung durch Vertiefung und Konzentration auf (nur) eine aktuelle Aufgabe voraus oder werden durch diese gefördert. Diese Konzentration auf eine Sache bei gleichzeitigem Verzicht auf andere Möglichkeiten kann sich in einer reizüberfluteten Gesellschaft als essenziell erweisen. Schulgemeinschaften können Fasten im Sinne von Konzentration und Vertiefung als entscheidende Bildungsaufgabe schulen und fördern.

Fasten als Aufforderung zur Solidarität

Religiösem Fasten ist mit der Aufmerksamkeit für andere immer auch ein Solidaritätsaspekt inhärent. Schulgemeinschaften können sich davon inspirieren lassen, die eigene Ausrichtung und das eigene Tun darauf zu prüfen, wer übersehen wird, unter die Räder zu kommen droht und besonderer Beachtung bedarf.

11.5 Reflexionsfragen

- Welche Erfahrungen mit Fasten gibt es innerhalb der Schulgemeinschaft?
- Wie werden Beeinträchtigungen von Schüler*innen durch (religiöse) Fastenpraktiken sichtbar? Wie kann von wem darauf in adäquater Weise reagiert werden (Klassenvorstand; Religionslehrer*innen; Schulärztin etc.)?
- Wie wird die (religiöse) Fasten-Thematik (evtl. gemeinsam mit dem Themenfeld »Essen«) an der Schule thematisiert und berücksichtigt?
- Wie kann »Fasten als Bildungsaufgabe« im Lehrerkollegium bearbeitet werden, sodass Möglichkeiten einer Verwirklichung – z. B. im Sinn einer Konzentrationsschulung und -förderung – entwickelt werden?
- Wie kann die dem Fasten innewohnende Aufforderung zur Solidarität die Schulwirklichkeit prägen?

Literatur

Dienberg, Thomas (2008): Feiern & fasten. In: Bubmann, Peter & Sill, Bernhard (Hg.), Christliche Lebenskunst (331–338). Regensburg: Pustet.
Dirnbeck, Josef (2003): Das Buch vom Fasten. Wer verzichtet, hat mehr vom Leben. München: Pattloch 2003.
Fritzsche, Bernardo (2008): Religiöses Fasten. Gesundheit für Leib und Seele. Düsseldorf: Patmos.
Hall, Stuart G. & Crehan, Joseph H. (1983): Fasten/Fasttage. III. Biblisch und kirchenhistorisch. In: Theologische Realenzyklopädie XI (48–59). Berlin/New York: De Gruyter.
Halm, Heinz (2008): Der Islam. Geschichte und Gegenwart. München: Beck.
Kolundzic, Mirko: Das Fasten in der orthodoxen Tradition. Online verfügbar unter: http://www.orthodoxe-kirche.at/site/neuorthodoxseinundorthodo/fasten [17.03.2022].

Lau, Israel M. (2005): Wie Juden leben. Glauben, Alltag, Feste (6. Aufl.). Darmstadt: Wiss. Buchgesellschaft.

Mantel, Hugo (1983): Fasten/Fasttage. II. Judentum. In: Theologische Realenzyklopädie XI (45–48). Berlin/New York: De Gruyter.

Neuköllner Empfehlung des Bezirksamtes Neukölln von Berlin und der regionalen Schulaufsicht Neukölln der Senatsverwaltung für Bildung, Jugend und Familie: Ramadan und Schule. Online verfügbar unter: https://www.berlin.de/ba-neukoelln/aktuelles/bezirksticker/neukoellner-broschuere-ramadan-und-schule-neu-erschienen-808416.php [17.03.2022].

Stern, Marc (1999): Gelebte jüdische Feste. Erinnern – Feiern – Erzählen. Gütersloh: Gütersloher Verlagshaus.

Wellershoff-Schuur, Ilse (2017): Gott ist größer. Muslime und Christen – Herausforderungen des religiösen Lebens. Stuttgart: Verlag Urachhaus.

12

Konflikt- und Streitfall Religion

> *Ein Schüler eines Gymnasiums wird von einem Mitschüler als »Du Jude« beschimpft. Niemand interveniert.*
> *»Wir haben auch Kinder an der Schule, die sagen: ›Du bist ein Muslim, stell dich hinten an« (Schulleiterin an einer Mittelschule).*
> *Marvin besucht eine Grundschulklasse, in der es üblich ist, dass Kindern zum Geburtstag gratuliert wird. Seine Eltern, Zeugen Jehovas, lehnen Geburtstagsfeiern aus religiöser Überzeugung ab und bitten die Lehrerin, Marvin an seinem Geburtstag nicht zu feiern.*
> *»Es gibt Buben, die Mädchen kritisieren, wenn Haare unterm Kopftuch zu sehen sind« (Schulleiterin an einer berufsbildenden Schule).*

12 Konflikt- und Streitfall Religion

Religiöse Konflikte und Konfliktthemen machen auch vor den Schultoren nicht halt. In der Schule spiegelt sich wider, dass Religion gesellschaftlich konfliktiv verhandelt wird. Die Konflikte reichen von Disputen um unterschiedliche Einstellungen und Lebensweisen und damit einhergehenden wechselseitigen Abwertungen über rassistische, antisemitische, antiislamische Übergriffe bis hin zu Verhaltensweisen, die als Angriff auf demokratische Werte verstanden werden [Diskriminierung, ▶ Kap. 4; Extremismus, ▶ Kap. 14].

Personen, die in – auch religiös geprägten – Verhaltens- und Ausdrucksweisen oder Formen der Lebensgestaltung von mehrheitsmäßig gewohnten, »normalen« Sichtweisen als abweichend erlebt werden, werden aus Sicht der Majorität als »anders« und »fremd« wahrgenommen. Häufig wird dies mit der Zugehörigkeit zu einer größeren Gruppe in Verbindung gebracht. Insbesondere muslimische Mitbürger*innen werden aufgrund ihrer religiösen Zugehörigkeit als »fremd« wahrgenommen. Dies ist ebenso bei Personen gegeben, die in Westeuropa wenig verbreiteten Religionsgemeinschaften angehören, wie beispielsweise Sikhs oder Hindus, die aufgrund geringer gesellschaftlicher Präsenz allerdings kaum beachtet bzw. thematisiert werden. Von einzelnen Begegnungen mit Personen mit jüdischem oder muslimischem Glauben wird oft generalisierend auf alle Jüdinnen und Juden oder die Muslim*innen geschlossen. Entsprechend erleben sich als »fremd« etikettierte Schüler*innen nicht als vollwertige Mitglieder von Klasse, Schule und Gesellschaft und finden wenig Möglichkeiten, sich über den engen Bezugsraum hinaus zugehörig zu fühlen. In der Folge bleiben sie in ihrer Identitätsbildung stark auf ihre religiöse und ethnische Zugehörigkeit verwiesen (Antweiler 2017). Wenngleich keineswegs alle schulischen Konflikte einen religiösen Hintergrund haben, treten ohne Zweifel Konflikte auf, die religiös motiviert sein können. Im Umgang damit zeigt sich oftmals große Unsicherheit und Scheu.

12.1 Religiöse Konflikte als Teil einer grundlegenden Konfliktkultur der Schule

Gespräche mit Lehrpersonen und Direktor*innen machen deutlich, dass das Selbstverständnis einer Schule ausschlaggebend ist, wie mit Konflikten und infolgedessen auch mit religiös konnotierten Konflikten umgegangen wird [Schulkultur, ▶ Kap. 3]. In Schulen, in denen das Schulleben vorrangig über das Einhalten von Regeln, verbunden mit strikten Verboten und Geboten, gesteuert wird, können Probleme, die durch diese nicht schnell zu lösen sind, bedrohlich wirken. In einem solchen Verständnis können Konflikte das (Selbst)Bild einer funktionierenden Schule und der in ihr agierenden Autoritäten in ihren Grundfesten erschüttern. Schulen hingegen, die ein Bewusstsein dafür zeigen, dass kleinere oder größere zwischenmenschliche Konflikte das normale schulische Zusammenleben kennzeichnen, nehmen diese nicht als ausgrenzbare, sondern als zu gestaltende Phänomene wahr. Wird der Umgang mit Konflikten in genereller Weise bedacht, können die Herausforderungen religiös motivierter Konflikte besser bearbeitet werden (Barkmann 2016; Wagner 2017). Lehrpersonen, die kritisches Hinterfragen fördern wollen und dies in ihrem konkreten Unterricht und in der Schule leben, werten ein Hinterfragen oder Nicht-Einhalten von Regeln nicht reflexartig als Angriff auf ihre Autorität. Auch religiös konnotierte Konflikte werden diese Lehrkräfte nicht sofort in Alarmbereitschaft versetzen. Als wesentlich kann dabei die Beziehungsqualität zwischen den einzelnen handelnden Gruppen in der Schule angesehen werden und damit verbunden die Frage, wie das Zueinander von Leitung, Lehrer*innen, Schüler*innen, Eltern, Erzieher*innen in der Nachmittagsbetreuung sowie anderen Dienstleister*innen gestaltet wird.

Bezeichnet beispielsweise ein*e Schüler*in etwas als nicht erlaubt (z. B. »haram« oder »nicht koscher«), gilt es zunächst zu eruieren, welche Motive hierfür ausschlaggebend sind. Will damit Aufmerksamkeit und/oder bewusste Abgrenzung erzeugt werden oder möchten Schüler*innen religiöse Vorschriften einhalten? Problematisch wird es, wenn religiöse Vorschriften oder Zugehörigkeiten als soziale Beurteilungskriterien angewandt werden und dazu führen, dass andere unter Druck gesetzt oder abgewertet werden, wie dies in der Aussage »Du bist ein Muslim, stell dich hinten an« oder im Beispiel von den Jungen, die Mädchen kritisieren, wenn Haare unter dem Kopftuch herausschauen, deutlich wird.

Schüler*innen zum Überdenken und Verändern eigener Positionen zu motivieren wird in einer Schule, in der kritisches Denken gefördert wird, leichter möglich sein als in einer Schule mit einer rigiden Vorschriftskultur.

12.2 Interpretation religiöser Ausdrucksformen

Kritisch kann angefragt werden, wie religiöse Ausdrucksformen von Personen in der Schule und in der Gesellschaft überhaupt interpretiert werden. So wird das Christentum manchmal als dominante Religion gegenüber anderen Religionen – zumindest in seinen kulturellen Formen – als überlegen gesehen. Auch Personen, die sich keiner Kirche zugehörig fühlen, verweisen dann auf das christliche Erbe.

Wenn sich junge Muslime als strikt religiös darstellen und dies offensiv zeigen (Güngör & Nik Nafs 2016), kann dies oft als Gegenreaktion auf die negative Darstellung des Islams in den Medien und in der Politik gewertet werden. Damit soll der Geringschätzung, der erlebten Nicht-Zugehörigkeit und Nicht-Anerkennung ideell etwas entgegengesetzt werden. Daraus ist in letzter Zeit durchaus so etwas wie eine coole Jugendbewegung entstanden. Frömmigkeit wird dabei zu einem Mittel, sich Respekt zu verschaffen und Zugehörigkeit zu einer Gruppe zu zeigen (Erkurt 2016; Güngör & Nik Nafs 2016). Damit lässt sich das Vakuum der erlebten Heimatlosigkeit und verwehrten Zugehörigkeit füllen. Die Verhaltensweisen der Schüler*innen sind eng verwoben mit gesellschaftlichen und politischen Entwicklungen.

Diese manchmal unangemessenen Verhaltensweisen Heranwachsender können Irritationen auslösen und werden sehr unterschiedlich gedeutet. Von diesen Deutungen hängen wiederum die Reaktionen auf Seiten der Lehrer*innen und der Schule ab. Werden sie als Ausdruck fehlender Zugehörigkeit interpretiert, bewirken sie eine andere Reaktion, als wenn sie als Affront, als bewusstes Provozieren oder Ablehnen von Autoritäten gedeutet werden. Diese Deutungs- und Reaktionsmuster bestimmen, ob und wie in Klasse und Schule ein Zusammenleben in Pluralität gelingen kann oder aber auch nicht.

12.3 Wie kann in einem schulischen Kontext adäquat reagiert werden?

Weltanschauliche/religiöse Vielfalt anerkennen

Unabhängig von konkreten Vorkommnissen und Überzeugungen ist anzuerkennen, dass Religion im Leben vieler Menschen einen wichtigen Identitätsmarker darstellt. Atheistische oder agnostische Überzeugungen sollen offen gelebt werden können; zugleich ist es wichtig zu signalisieren, dass es ebenso in Ordnung ist, religiös überzeugt zu sein. Kinder und Jugendliche müssen erfahren können, dass ihre religiöse Zugehörigkeit niemals ein Grund sein kann, als vollwertiges Mitglied der Schulgemeinschaft in Frage gestellt zu werden (Lehner-Hartmann 2021, 124–125). Lässt pädagogisches Handeln erkennen, dass die konkreten Kinder und Jugendlichen willkommen sind, können Schüler*innen erfahren, dass sie ein wertvoller Teil der Klasse und Schule sind. Fehlt diese grundlegende Akzeptanz, wird es Schüler*innen schwer gemacht, sich mit der Schule und ihren Regeln zu identifizieren. Das Wissen, am Schulleben partizipieren zu können, kann bedeutend sein, um an gemeinsamen Lösungen für ein friedliches Zusammenleben zu arbeiten. Dies wird nicht gelingen, wenn sich Heranwachsende bei der Bearbeitung von Konflikten in

12.3 Wie kann in einem schulischen Kontext adäquat reagiert werden?

Opposition zur Schule oder anderen Schüler*innen erleben und ihr »Anderssein« verteidigen müssen. Umgekehrt gilt es, Schüler*innen in eine kontinuierliche Einübung der Pluralitätsfähigkeit, mit respektvollem Anerkennen von persönlich fremden oder gar abgelehnten Vorstellungen und Überzeugungen, zu involvieren.

Konflikte entschlossen, aber gelassen angehen

Ermunternd in diese Richtung können Aussagen von Direktor*innen wirken, die davon berichten, dass es in ihrer Schule zwar immer wieder religiös konnotierte Zwischenfälle gibt (wenn Schülerinnen nicht am Sportunterricht teilnehmen wollen; wenn Schüler sich weigern, Anordnungen von Lehrerinnen zu befolgen; wenn Schüler*innen in Fastenzeiten weder etwas essen noch trinken und sich nicht konzentrieren können etc.), sie damit aber dann am besten zurechtkommen, wenn sie Probleme direkt aufgreifen, ansprechen und bearbeiten. Dadurch lässt sich vermeiden, dass Meinungsverschiedenheiten oder Konflikte hochgespielt werden. Neben einem entdramatisierenden Vorgehen ist es wichtig, die Eltern frühzeitig einzubeziehen: Mit ihnen zu besprechen, worauf sie sich in der Schule verlassen können (schweinefleischfreies Essen; Akzeptanz des Kopftuches im Sportunterricht, wenn es so gebunden wird, dass keine Verletzungsgefahr besteht o. Ä.), kann ihnen manche Sorgen nehmen [Unterrichtsinhalte, ▶ Kap. 13]. Als hilfreich kann sich ein aktives Einbeziehen von Religionslehrer*innen erweisen, die hinsichtlich einer differenzierten Auseinandersetzung mit religiösen Vorschriften und deren Bedeutung eine wichtige Brückenbauer*innenfunktion übernehmen können.

Verstehenwollende Haltung entwickeln

Ausschlaggebendes Moment für eine erfolgreiche Konfliktbearbeitung ist in erster Linie eine verstehenwollende Haltung. Dies geschieht durchaus in der bleibenden Spannung, die andere Person verstehen zu wollen, sie aber nie endgültig verstehen zu können. Diese Spannung auflösen zu wollen, würde bedeuten, den anderen der Gefahr der Vereinnahmung auszusetzen, indem man versucht, ihn den eigenen Vorstellungen, Eindrücken und Deutungen anzugleichen (Mecheril 2013, 29–34). Von Lehrpersonen, die u. a. einem anderen soziokulturellen Milieu entstammen als ihre Schüler*innen, verlangt diese verstehende Haltung eine professionelle Distanz gegenüber eigenen Sichtweisen, Normen und Werten, die andere Personen vorschnell bewerten und den Blick für mögliche Motive und Hintergründe sowie Sozialisationsbedingungen verstellen (Lanfranchi 2013, 257–258). In der Spannung des Verstehen-Wollens, aber nie endgültig Verstehen-Könnens umfasst professionelles Verhalten die Gestaltung von Begegnungen sowohl mit Schüler*innen als auch deren Eltern. Ein Gespräch, in dem zunächst nach Gründen für gewisse Befürchtungen oder Verhaltensweisen von Eltern und davon ausgehend nach Lösungen gesucht wird, wird anders verlaufen als ein Gespräch, das darauf abzielt, den Eltern Rechtswidrigkeit vorzuwerfen. Wichtig ist, kein Konkurrenz- und Machtverhältnis zwischen Lehrpersonen/Schulleitungen und Eltern aufzuspannen, sondern von dem positiven Vorurteil auszugehen, dass alle Beteiligten das Beste für das Kind wollen. Eine solche Basis erleichtert die Haltung des Verstehen-Wollens und bietet Potential für eine konstruktive Annäherung und Lösung des Konflikts (Reissen 2016, 121–142) [Elterngespräche, ▶ Kap. 5].

Schwierige Gespräche in 3 Schritten mit der WWW-Formel strukturieren

1. *Wahrnehmung:* Was ist genau vorgefallen? Was ist passiert, was wurde gehört oder gesehen? (Bewertungen und Interpretationen sind zu vermeiden. Je sachlicher das Vorgefallene beschrieben wird, desto leichter kann der andere folgen und muss nicht sofort in verteidigende Gegenrede für sich selbst oder andere verfallen.)

12.3 Wie kann in einem schulischen Kontext adäquat reagiert werden?

2. *Wirkung:* Was sind die Auswirkungen? Für einen selbst, für andere, für die Schule, für die gemeinsamen Ziele?
3. *Wunsch:* Welcher Wunsch leitet sich daraus ab? Was wünschen und erwarten wir voneinander? Welche Konsequenzen resultieren daraus?

(adaptiert nach: Zoller/Nussbaumer 2019, 200)

Gemeinsames Vorgehen absprechen

Gerade weil religiös konnotierte Konflikte sehr divers diskutiert und gesehen werden, bedarf es in Schulen eines akkordierten gemeinsamen Vorgehens. Interventionen bedürfen eines Commitments der Kolleg*innen und der Schulleitung. Alleingänge können die betreffende Lehrperson überfordern und werden im schlimmsten Fall durch konträres Verhalten von Kolleg*innen konterkariert.

Für eine koordinierte Strategie kann die Grundhaltung weiterführend sein, nicht in jedem religiös konnotierten Konflikt eine Bedrohung oder einen Angriff auf das europäische Wertesystem, die Schulgemeinschaft, die Autorität von Lehrpersonen etc. zu sehen. Ein Konflikt lässt sich als Warnsignal verstehen, das anzeigt, dass jemand oder eine Gruppe sich nicht verstanden bzw. akzeptiert fühlt, dass die Gemeinschaft einer Klasse gefährdet ist, dass unterschiedliche Wertvorstellungen aufeinanderprallen und einer Aushandlung bedürfen oder individuelle Bedürfnisse missachtet werden. Konflikte als Warnsignal zu verstehen, bietet die Chance, früh genug Maßnahmen ergreifen zu können, um einerseits Anerkennung spürbar zu machen und andererseits das Einhalten von gewünschten Verhaltens- und Umgangsformen einfordern zu können. Voraussetzung dafür ist es, dass solche Warnsignale entschlüsselt werden können und die dahinterliegenden Ursachen zum Vorschein kommen (Kaddor 2019, 153–156).

12 Konflikt- und Streitfall Religion

Erwünschtes Verhalten verstärken – diskriminierendes Verhalten nicht übersehen

Den anderen verstehen zu wollen, ist ein erster Schritt in Richtung Ursachenklärung. Jemand im jeweiligen Sosein zunächst zu akzeptieren, ist aber nicht als Freibrief für jegliches Verhalten misszuverstehen. Diskriminierende Äußerungen und Handlungen können nicht als harmlose pubertäre Allüren abgetan werden, die sich von selbst legen. In diskriminierenden Äußerungen – in welche Richtung auch immer sie getätigt werden – geht es um Machtverhältnisse, die darauf abzielen, den anderen auf einen untergeordneten Platz zu verweisen. Werden von Schulseite Wertschätzung und Akzeptanz ihren Schüler*innen ohne Ansehen von Status, Geschlecht, ethnischer Zugehörigkeit oder Religion entgegengebracht, lässt sich sexistisches oder rassistisches Verhalten klarer ansprechen und als sozial unerwünscht erkennen und ahnden. Unterbleibt ein klares Feedback, z. B. aus falsch verstandener Toleranz, verwirkt Schule auf Kosten Schwächerer ihre Funktion, Orientierung zu geben [Diskriminierung, ▸ Kap. 4].

Beispiel: Unsere Hauptschule in Obdach wird zur schimpfwortfreien Zone!

In diesem Projekt wurde mit Klassen in sozialen Lernstunden im Rahmen von drei Einheiten zu folgenden Themen gearbeitet:

1. Kennenlernen unterschiedlicher Gewaltformen: Welche habe ich erlebt?
2. Was bringt mich auf die Palme: Wann schimpfe ich? Welche Schimpfwörter verwende ich? Wie sind sie zu bewerten?
3. Erarbeiten von alternativen Ausdrucksweisen

Das Thema wurde fächerübergreifend bearbeitet. Im Lehrer*innenzimmer lagen dazu Materialien und Ideen für die Fachlehrer*innen auf. So konnte im Deutschunterricht ein Wörterbuch der Gewalt (Vorsilbe »ab«: abwerten, aburteilen, absondern etc.) und ein Wörterbuch des Friedens (Vorsilbe »be«: bedenken, besprechen, bereuen, (neu) bewerten etc.) erstellt werden. Im katholischen Religionsunterricht ging es darum, dass Jesus durch Worte geheilt und Segen zugesprochen hat. Das Fach Bildnerische Erziehung widmete sich Graffitis, die nicht selten auch Beschimpfungen enthalten; ein »Gegenmodell« wurde entworfen und gestaltet.

Zum Abschluss des Projektes wurden die Eltern zu einem Gesprächsabend zum Thema »Sprache als Ermutigung« eingeladen. Jede Klasse, die freiwillig das »Trainingsprogramm« absolviert hatte, erhielt ein »Klassenzimmer«-Siegel (Kirschen).

12.4 Fokus: Sich gegenseitig unterstützen

Um erfolgreiche Interventionen im Schulkontext setzen zu können, kann es hilfreich sein, mögliche Unterstützung auf fünf Ebenen zu berücksichtigen:

1. Unterstützung durch die Schulleitung. Diese kann gegebenenfalls ein Leitungsgremium einsetzen, das ein bestimmtes Programm für die Interessen und Zielsetzungen der Schule entwickelt.
2. Gegenseitige Unterstützung der Lehrpersonen. Bei Konflikten ist es wichtig, sich mit anderen besprechen zu können und sich auch helfen zu lassen. Eventuell entwickelt sich aus diesen Besprechungen ein Team, das gezielte Interventionen bei konflikthaften Vorkommnissen vornehmen kann.
3. Unterstützung durch die Eltern. Eltern werden aus Sorge, sich hier eine weitere Konfliktlinie aufzumachen, gerne vernachlässigt. Sie können aber eine wichtige und notwendige Ressource darstellen – vorausgesetzt, sie werden nicht als Widerpart oder Verteidiger*innen ihrer Kinder adressiert, sondern es wird der Versuch unternommen, sie als Verbündete zu gewinnen [Elterngespräche, ▶ Kap. 5].

4. Unterstützung durch die Schüler*innen. Dies gelingt, wenn die Heranwachsenden Lehrpersonen erleben, die entschlossen Konflikte bearbeiten und einer guten Lösung zuführen möchten. Dies ermächtigt in der Folge auch Schüler*innen, nicht wegzuschauen oder sich resigniert zurückzuziehen, sondern aufzustehen, um Unrecht zu benennen, »fremde« Sicht- und Verhaltensweisen ohne Abwertungen anzusprechen, Andersheit zu akzeptieren und an gemeinschaftlichen Lösungen mitzuarbeiten (vgl. Bundesministerium für Bildung, Wissenschaft und Kultur 2006).
5. Unterstützung aus dem gesellschaftlichen Umfeld (Sozial-/Jugendamt, religiöse Communities, Gemeinde, Vereine etc.). Dieser Blick über die Schulgrenzen hinaus macht deutlich, dass religiöse Konflikte, ja Konflikte generell nicht nur schulspezifisch zu verstehen sind. Sie sind in ein gesellschaftliches Umfeld eingebettet, auf dessen Mit-Verantwortlichkeit hingewiesen und gegebenenfalls auch eingefordert werden kann.

12.5 Reflexionsfragen

- Wie werden Konflikte an der Schule erlebt und angegangen?
- Ist die Schulkultur eine konfliktfreudige oder eher eine konfliktvermeidende?
- Welche Regeln gelten in der Schule als unumstößlich und welche erlauben eine flexible Anpassung?
- Gibt es ein gemeinsames Verständnis und eine gemeinsame Strategie, wie man bei Konflikten vorgehen möchte? Folgen sie eher einer dramatisierenden oder einer entdramatisierenden Strategie?
- Wie sehen die Rollen von Schulleitung, Kollegium, Schüler*innen, Eltern, etc. bei der Konfliktbewältigung aus?
- Kommen religiös oder weltanschaulich konnotierte Konflikte in der Schule vor und wie beeinflussen sie das Schulleben? Welche Lösungsstrategien wurden bisher erprobt?

- Gibt es präventive Ansätze, um möglichen Konfliktfeldern vorbeugen zu können?
- Wo könnten Konflikte übersehen werden?

Literatur

Antweiler, Christoph (2017): Kollektive Identität. In: Kühnhardt, Ludger & Mayer, Tilmann (Hg.), Bonner Enzyklopädie der Globalität (443–453). Wiesbaden: Springer VS.

Barkmann, Helene (2016): Interkulturelle Konflikte in der Schule. Methoden und Handlungsempfehlungen für Konfliktsituationen im Klassenzimmer. Hamburg: Diplomica Verlag.

Bundesministerium für Bildung, Wissenschaft und Kultur (2006): Peer-Mediation in Schulen. Leitfaden. Wien. Online verfügbar unter: http://www.oezeps.at/wp-content/uploads/2012/10/Leitfaden-f%C3%BCr-Peer-Mediation-in-Schulen-bmukk.pdf [18.05.2021].

Erkurt, Melisa (2016): Generation haram. Online verfügbar unter: https://www.dasbiber.at/content/generation-haram [16.03.2021].

Güngör, Kenan & Nik Nafs, Caroline (2016): Jugendliche in der offenen Jugendarbeit. Identitäten, Lebenslagen und abwertende Einstellungen. Wien. Online verfügbar unter: https://www.wien.gv.at/freizeit/bildungjugend/pdf/studie-1.pdf; https://www.wien.gv.at/freizeit/bildungjugend/pdf/studie-2.pdf [21.03.2021].

Kaddor, Lamya (2019): Vom Klassenzimmer in den Heiligen Krieg. Warum Jugendliche islamistische Fundamentalisten werden. In: Barz, Heiner & Spenlen, Klaus (Hg.), Islam und Bildung. Auf dem Weg zur Selbstverständlichkeit (147–159). Wiesbaden: Springer VS.

Kirschen, Fabiola: Unsere Hauptschule in Obdach wird zur schimpfwortfreien Zone! Online verfügbar unter: https://www.schulpsychologie.at/fileadmin/upload/persoenlichkeit_gemeinschaft/Unsere_Hauptschule_in_Obdach_wird_zur_schimpfwortfreien_Zone__01.pdf [17.03.2022].

Lanfranchi, Andrea (2013): Interkulturelle Kompetenz als Element pädagogischer Professionalität – Schlussfolgerungen für die Lehrerausbildung. In: Auernheimer, Georg (Hg.), Interkulturelle Kompetenz und pädagogische Professionalität (4. Aufl.) (231–261). Wiesbaden: Springer VS.

Lehner-Hartmann, Andrea (2021): Schülerinnen und Schüler in ihrer Identitätsarbeit. In: Kropac, Ulrich & Riegel, Ulrich (Hg.), Handbuch Religionsdidaktik (120–126). Stuttgart: Kohlhammer.

Mecheril, Paul (2013): »Kompetenzlosigkeitskompetenz«. Pädagogisches Handeln unter Einwanderungsbedingungen. In: Auernheimer, Georg (Hg.), Interkulturelle Kompetenz und pädagogische Professionalität (4. Aufl.) (15–35). Wiesbaden: Springer VS.

Reissen, Markus (2016): Interkulturelle Kompetenzen fördern: So öffnen Sie Ihre Schule für kulturelle Vielfalt. Köln: Carl Link Verlag.

Wagner, Stephanie (2017): Förderung bei kulturellen Differenzen. Stuttgart: Kohlhammer.

Zoller, Karen & Nussbaumer, Paul (2019): Persönlichkeitsbewusste Mitarbeiterführung. Den eigenen Führungsstil reflektieren und erfolgreich weiterentwickeln. Wiesbaden: Springer Gabler.

13

Religiös begründete Kontroverse um Unterrichtsinhalte

»Gerade im Sportunterricht haben wir schon immer Schwierigkeiten: Einige der muslimischen Mädchen sollen nicht Rad fahren und gehen nicht mit auf Skikurs.« - »Radfahren und Schwimmen, das müssen bei uns alle. Dann müssen die Mädchen eben mit dem Burkini zum Schwimmen kommen« (Gespräch zweier Mittelschul-Lehrpersonen unterschiedlicher Schulstandorte).

»Die Eltern von Felix wollten nicht, dass er am Harry Potter-Tag mitmacht, weil in dieser Buchreihe Themen vorkommen, die nicht zu ihrer christlichen Überzeugung passen. Sie haben deswegen Be-

schwerde bei der Schulleitung eingelegt« (Lehrerin an einem Gymnasium).

»*Vorbehalte gegenüber der Evolutionstheorie gibt es schon. Ein Satz meines Schülers ist mir hängen geblieben: ›In manchen Fächern sage ich einfach das, was die hören wollen, und denke mir meinen Teil‹«* (Lehrer an einem Gymnasium).

»*Lieder anderer religiöser Traditionen bringen hin und wieder Diskussionen mit sich: ›Wir sollen das nicht hören!‹, heißt es dann von einzelnen Schüler*innen«* (Lehrerin an einer Mittelschule).

13.1 Religiös begründeter Widerstand gegen Unterrichtsinhalte

Schule ist von ihrer Grundidee her als ein gemeinsamer, umfassender Lernraum gedacht, in dem Bildung in verschiedenen Bereichen ermöglicht wird. Immer wieder werden die angestrebten Bildungsprozesse aber eingeschränkt und gestört – durch Vorgaben und Begrenzungen von außen sowie durch Störungen und Widerstand der unmittelbar Beteiligten.

Lehrer*innen erleben manchmal, dass sich Schüler*innen bzw. deren Eltern und Erziehungsberechtigten (in der Folge kurz: Eltern) aus religiösen Gründen gegen bestimmte unterrichtliche Vorgaben und Inhalte wehren. Solche Situationen können sich in verschiedenen Fächern ergeben: z. B. im Sportunterricht im Anliegen von jungen Frauen, vor Männern nicht zu viel nackte Haut zu zeigen, oder mit der Reserviertheit von Eltern gegenüber Sportwochen mit externen Übernachtungen; im Biologieunterricht mit der Skepsis vor einer ausschließlichen Bearbeitung bzw. alleinigen Betonung naturwissenschaftlicher Inhalte wie der Evolutionstheorie; im Musikunterricht als Vorbehalt gegenüber religiös inspirierter Musik.

13.2 Zwischen Bildungsvorgaben und persönlicher religiöser Überzeugung

Für Lehrpersonen stellen solche Widerstände eine besondere Herausforderung dar. Zum einen ist es ihr Auftrag, die im Lehrplan vorgegebenen Inhalte zu bearbeiten bzw. entsprechende Kompetenzen zu fördern. Zum anderen ist nicht immer eindeutig, ob es tatsächlich religiöse Gründe sind, die einem solchen Widerstand zugrunde liegen. Religiöse und kulturelle Motivationen spielen öfters zusammen und lassen sich auch nicht einfach voneinander trennen. Bei Widerstand im schulischen Kontext sind manchmal weniger inhaltliche Gründe ausschlaggebend als vielmehr Unwillen. Wenn es sich um eine religiös begründete Kontroverse handelt, stellt sich die Frage, wie mit einem religiös motivierten Protest adäquat und professionell umgegangen werden kann.

Das Verhältnis von religiösen und säkularen Wissensformen stellt sich dabei als durchaus spannungsvoll dar. In allen Religionen gibt es Strömungen, die sehr aufgeschlossen gegenüber säkularen Wissensinhalten sind – ja sogar zu Zentren für diese werden. So gibt es weder im Koran noch in der weiteren islamischen Überlieferung Abgrenzung zu oder Ausgrenzung von Bildung und Wissenschaft. In der christlichen Tradition besteht ein hohes Bestreben, die eigene Glaubensüberzeugung auch mit Vernunftgründen erklären zu können. Allerdings finden sich in allen religiösen Traditionen ebenso Strömungen, die sich stärker von säkularem Wissen abkoppeln oder gar bestimmte Aspekte (wie naturwissenschaftliche Erklärungen zur Entstehung der Welt) als Konkurrenz zu einem religiösen Zugang verstehen und ablehnen (Barz 2019).

13.2 Zwischen Bildungsvorgaben und persönlicher religiöser Überzeugung

Religiös motivierten Konflikten um Unterrichtsinhalte liegt im Kern häufig die prinzipielle Spannung zwischen unterschiedlichen Rechten (und Pflichten) der am Bildungsprozess Beteiligten zugrunde. So ist der staatlich vorgegebene Auftrag der Schule, für alle Kinder und Jugendlichen umfassende Bildung zur »volle[n] Entfaltung der menschlichen Persönlichkeit« (Art. 26 Abs. 2 Allgemeine Erklärung der Menschenrechte [AEMR]) zu gewährleisten. Dieser hat sich in den verschiedensten Wissens- und Lebensbereichen an den Begabungen und Fähigkeiten der einzelnen Kinder zu orientieren (vgl. Art. 29 Abs. 1a UN-Konvention über die Rechte des Kindes [UN-KRK]).

Ihren Bildungsauftrag kann die Schule nicht allein erfüllen, sondern nur unter entscheidender Mitwirkung und Mitgestaltung der Schüler*innen und deren Eltern. So betont die UN-Kinderrechtskonvention »das Recht des Kindes auf Gedanken-, Gewissens- und Religionsfreiheit« (UN-KRK 14 Abs. 1) sowie Recht und Pflicht der Eltern, das Kind in seiner Entwicklung zu begleiten (vgl. UN-KRK 14 Abs. 2). Dieses Recht beinhaltet auch den Anspruch, dass Erziehung und Unterricht entsprechend der eigenen weltanschaulichen und religiösen Überzeugung gestaltet werden (Art. 2 Zusatzprotokoll der Menschenrechte und Grundfreiheiten).

Die Ausrichtung an den Menschenrechten und die Orientierung an »Verständnis, Toleranz und Freundschaft zwischen allen Nationen und allen rassischen oder religiösen Gruppen« (Art. 26 Abs. 2 AEMR) verhindert gleichzeitig das Einfordern einer Bildung, die sich ausschließlich an eigenen religiösen Überzeugungen orientiert. Ja, sie verlangt geradezu eine Einübung in die Auseinandersetzung mit zuvor unbekannten und »fremden« Inhalten sowie die Konfrontation mit anderen weltanschaulichen Überzeugungen als der eigenen.

Die staatlichen Bildungsvorgaben, die der Entfaltung der Schüler*innen dienen, sind zum einen ausgehend von den Anlagen und Voraussetzungen der einzelnen Kinder und Jugendlichen zu verwirklichen, worunter auch religiöse Überzeugungen fallen. Zum anderen sind allen Kindern und Jugendlichen Kontakte mit verschiedenen Wissensbereichen, Zugängen und Deutungen der Wirklichkeit zu eröffnen, damit die Erweiterung ihrer Perspektiven und das Finden eigener begründeter Positionen möglich wird. Genau dies kennzeichnet Bildungsprozesse.

Die Verwirklichung der beiden Forderungen – das Ansetzen bei den Voraussetzungen der Schüler*innen und die Konfrontation mit unterschiedlichen, für den/die Einzelne/n möglicherweise fremden oder gar irritierenden Inhalten – birgt eine Spannung, die sich manchmal in Widerstand und Konflikten zeigt. Wie kann mit ihnen konstruktiv umgegangen werden?

13.3 Pädagogische Perspektiven

Mehrperspektivisches Einordnen von Unterrichtsinhalten

Gerade angesichts eines weiten Bildungsverständnisses ist es hilfreich, wenn Lehrpersonen das jeweilige Unterrichtsfach und dessen konkrete Inhalte nicht isoliert betrachten, sondern dies im Verhältnis zu anderen Fächern – und damit anderen Zugängen und Deutungen zur Wirklichkeit – sehen und einordnen. Es gibt verschiedene berechtigte Möglichkeiten, die Welt zu erfassen und zu deuten [Weltdeutung, ▶ Kap. 2]. Dies ermöglicht eine Sensibilität für mögliche, religiös begründete Schwierigkeiten, die Schüler*innen bzw. deren Eltern mit der isolierten Auseinandersetzung mit bestimmten Inhalten haben bzw. haben können. In einem solchen Fall kann eine kontextuelle Einordnung des Inhalts und Hinweise darauf, dass die jeweilige Thematik aus verschiedenen Perspektiven in den Blick genommen und gedeutet werden kann, das Verständnis für den im Unterricht gewählten Zugang fördern und mögliche Vorbehalte von vornherein mindern. So vermag beispielsweise bei der naturwissenschaftlichen Präsentation der Entstehung der Welt und der Entwicklung menschlichen Lebens, die einem »Wie« verpflichtet ist, ein Hinweis auf religiöse Annäherungen, die die Frage nach dem »Warum« ins Zentrum stellen, womöglich eine Einordnung und die Anerkennung vielperspektivischer, sich ergänzender Denkweisen erleichtern.

Widerstand zulassen und bearbeiten

Dem Bildungsauftrag der Schule entsprechend ist die Auseinandersetzung der Schüler*innen mit verschiedenen – möglicherweise auch herausfordernden und irritierenden – Themenbereichen und Aktivitäten vorgesehen und vorgegeben. Aus einer rechtlichen Perspektive können Lehrpersonen auf die umfassenden Bildungsvorgaben rekurrieren. Um aber Bildungsprozesse in Gang setzen zu können, legt es sich nahe, Widerständen von Schüler*innen und/oder Eltern auf den Grund zu gehen und diese nicht ausschließlich abzuwehren.

Rückmeldungen aus dem Aufspüren des Widerstands bzw. zum Kernpunkt des Konflikts bieten Potential, Bildungsprozesse in der Folge so zu formieren, dass sich Schüler*innen mit größerem Engagement und mehr Freude in sie hineinzubegeben bereit sind. Dies kann beispielsweise bei Widerständen aus Über- oder Unterforderung oder mangelndem Interesse der Fall sein.

In einem konkreten religiös begründeten Widerstand gegen Unterrichtsinhalte und -aktivitäten erweist sich ein Vorgehen in gleicher Weise als hilfreich. Ein Gespräch bietet sowohl der Lehrperson Gelegenheit, das Anliegen hinter der vorgesehenen Bildungsaktivität, als auch dem*der Schüler*in das Anliegen, das hinter dem Widerstand oder dem Protest steckt, zu thematisieren. Manchmal stellt sich so heraus, dass religiöse Gründe nicht den Kern des Widerstands ausmachen, sondern dieser in anderen Motiven gründet. Zielhorizont auch bei religiös intendiertem Widerstand ist es, eine gemeinsam getragene Lösung – unter Wahrung des Bildungsanspruchs und unter Wahrung bedeutender Anliegen, die sich hinter dem Widerstand verbergen können – zu entwickeln. Ziel ist es unter anderem, das Einlassen auf Zumutungen zu ermöglichen und zu begleiten.

Unterstützende Mediation

Wenn ein persönliches Gespräch zwischen Lehrperson und Schüler*in in einem weiteren Schritt auch unter Einbezug der Eltern [Elterngespräche, ▶ Kap. 5] zu keiner guten Lösung führt, der Konflikt verhärtet ist oder Fragen über konkrete Unterrichtssituationen hinaus tangiert sind, gibt es womöglich Personen, die die Beteiligten als Mediator*innen unterstützen bzw. begleiten können (andere Lehrpersonen, Klassenvorstand, Direktor*in, Religionslehrpersonen etc.). Zu gewährleisten ist jedenfalls der Schutz von Betroffenen. Der Mediationsprozess setzt auf die Eigenverantwortlichkeit aller Beteiligten (Schäfer 2017, 21–22).

Tab. 4: Phasen und Ziele eines mediatorischen Gesprächs (nach Kress & Schneider 2014, 49–50)

1. Auftragsklärung	Klärung des Verfahrens und der Rolle des/r Mediator*in
2. Themensammlung	Sammlung zu besprechender (Streit-)Punkte, für die eine Lösung gesucht wird, und Festlegung der Bearbeitungsreihenfolge
3. Sichtweise der Parteien	Störungsfreie Schilderung des Erlebten aus der jeweiligen Perspektive der Konfliktparteien
4. Vertiefung	Herausarbeiten der Anliegen der Konfliktparteien
5. Sammeln und Bewerten von Lösungsmöglichkeiten	Erarbeiten von verschiedenen Lösungsmöglichkeiten, Bewertung der Optionen und schrittweise Einigung
6. Abschlussvereinbarung	Schließen einer Vereinbarung

13 Religiös begründete Kontroverse um Unterrichtsinhalte

Offenheit für kreative Lösungen

Mit einer Aufmerksamkeit für die Anliegen des Gegenübers finden sich auch bei religiös begründetem Widerstand gegen Unterrichtsinhalte oder -aktivitäten meist praktikable, vielleicht kreative Lösungen, die von allen mitgetragen werden können: Ein Burkini stellt vielleicht eine Ermöglichung zur diskussionslosen Teilnahme am Schwimmunterricht dar; bei der Sorge hinsichtlich einer weltanschaulichen Vereinnahmung durch das eigene Mitsingen oder Mitspielen von Musik aus einer anderen religiösen Tradition vermag eventuell bereits die Möglichkeit zum Verzicht auf den performativen Mitvollzug des Textes für Entspannung zu sorgen etc.

Bei anhaltenden umfassenden und tiefergehenden Widerständen, die einen Verdacht auf eine extremistische Haltung erhärten, ist es allerdings erforderlich, weiterführende Schritte in die Wege zu leiten [Extremismus, ▶ Kap. 14].

Transparenz

Allen an der Schulgemeinschaft Beteiligten kann die prinzipielle Herausforderung nicht erspart werden, sich mit anderen, möglicherweise fremden und befremdlichen Bildungsinhalten, Ideen und Konzepten auseinanderzusetzen. Zur Kunst der Didaktik gehört es, Wege zu entwickeln, wie sich Schüler*innen gut auf fremde, sie eventuell irritierende Perspektiven einlassen können.

Um diesbezüglich möglichen Widerständen und Konflikten präventiv vorzubeugen, bietet sich eine proaktive und offensive Partizipation von Schüler*innen und Eltern an [Elterngespräche, ▶ Kap. 5]. In diesem Sinn ist es hilfreich, den Schüler*innen bzw. den Eltern – besonders wenn sie neu an die jeweilige Schule kommen – über das grundlegende Bildungsverständnis und -konzept der Schule umfassend Auskunft zu geben und umgekehrt Raum zur Artikulation der Sichtweisen, Anliegen und Fragen der Schüler*innen und Eltern zu bieten. In diesem Kontext kann die Frage nach womöglich umstrittenen Unterrichtsinhalten in grundlegender Weise thematisiert werden. Das ehrliche und spürbare Einbeziehen der Anliegen von Schüler*innen und Eltern bietet die Chance, der Beginn für die Entwicklung eines gemeinsamen Bildungsverständnisses zu sein.

> **Beispiel aus dem Schulalltag**
>
> Ein 15-jähriges Mädchen will nicht am Schwimmunterricht teilnehmen, weil im nach Geschlechtern getrennten Sportunterricht nicht gesichert ist, dass keine Männer im Hallenbad anwesend sind. Die Sportlehrerin initiiert, vermittelt über die Direktorin, ein Gespräch mit der islamischen Religionslehrerin, dem Mädchen und deren Eltern. Die islamische Religionslehrerin hat in Vorbereitung auf das Gespräch ihren Burkini unter ihrer Alltagskleidung angezogen. Sie führt den Eltern vor, wie sie in gemischtgeschlechtlichen Gruppen das Hallenbad besucht und weist damit aus ihrer eigenen Erfahrung heraus eine Option für das Mädchen zur sorgenfreien Teilnahme am Schwimmunterricht auf.

13.4 Reflexionsfragen

- Wie kann ein multiperspektivischer Zugang zu Unterrichtsinhalten im Lehrer*innenteam entwickelt bzw. gefördert werden?
- Welche Unterrichtsinhalte und -formen werden von wem wie in Frage gestellt oder boykottiert? Welche Rolle spielen dabei religiös begründete Widerstände? Wie können Bedenken und Anliegen aufgespürt werden?
- Welche Möglichkeiten der Konfliktbearbeitung anlässlich von Bildungsinhalten oder -aktivitäten gibt es bzw. können entwickelt werden? Welche Unterstützung kann es für einzelne Lehrpersonen in Konflikten bzw. Konfliktlösungsgesprächen geben (Beiziehung

anderer Lehrpersonen, des Klassenvorstands, des/der Direktor/in, evtl. auch Religionslehrkräfte etc.)?
- Wie kann im Kontakt mit den Eltern ein umfassendes Bildungsverständnis präsentiert oder gar gemeinsam entwickelt werden? Wie werden in diesem Zuge mögliche konfliktive Inhalte und deren Bedeutung für Bildungsprozesse thematisiert und erläutert? Welche Möglichkeiten der Thematisierung von Ängsten und Sorgen haben Eltern?

Literatur

Barz, Heiner (2019): Islam und Bildung. Bemerkungen zu einem ambivalenten Verhältnis. In: Barz, Heiner & Spenlen, Klaus (Hg.), Islam und Bildung. Auf dem Weg zur Selbstverständlichkeit (2., überarb. Aufl.), (251–272). Wiesbaden: Springer.

Europäischer Gerichtshof für Menschenrechte (1952): Die Europäische Menschenrechtskonvention. Zusatzprotokoll zur Konvention zum Schutz der Menschenrechte und Grundfreiheiten.

Kress, Karin & Schneider, Jost (2014): Dynamik in heterogenen Klassen – Das Praxisbuch. Profi-Tipps und Materialien aus der Lehrerfortbildung. Donauwörth: Auer.

Schäfer, Christa D. (2017): Einführung in die Mediation. Ein Leitfaden für die gelingende Konfliktbearbeitung. Wiesbaden: Springer.

Vereinte Nationen (1948): Resolution der Generalversammlung. Allgemeine Erklärung der Menschenrechte.

Vereinte Nationen (1989): UN-Konvention über die Rechte des Kindes.

14

Extremismus – Radikalisierung

Martina, Mitglied einer evangelikalen Gruppe, hält sich im Biologieunterricht die Ohren zu, wenn der Lehrer erklärt, wie die Welt in tausenden von Jahren entstanden ist und wie sich Lebewesen und Menschen langsam entwickelt haben. Sie hält daran fest, dass Gott die Welt in sieben Tagen erschaffen hat und diese erst ein paar tausend Jahre alt ist.

Im Schulhof in der Pause beobachtet eine Lehrerin der 13-jährigen Aishe, wie ihr Bruder sie maßregelt: »Trag dein Kopftuch ordentlich – du siehst ja aus wie eine Schlampe.« Ihr ist auch aufgefallen, dass ihr Bruder jeden Tag nach der Schule auf sie wartet und mit ihr gemeinsam nach Hause geht.

14 Extremismus – Radikalisierung

> *Helmut trägt eine streng gescheitelte Frisur und fällt oft mit T-Shirts auf, die eine klar erkennbare politische Botschaft transportieren, wie beispielsweise die »White power«-Faust. Auf seinem Tisch hat er »Scheiß Juden« und das Keltenkreuz eingraviert.*
>
> *Anzor schickt in der Klasse einen Link von einem Video von IS-Kämpfern herum, auf dem Enthauptungen zu sehen sind, versehen mit der Bemerkung: Das sind wahre Helden. Im Gespräch des Lehrers mit den Schüler*innen äußern diese, dass es sich hierbei nur um Spaß handle.*

Beobachtungen oder Äußerungen der geschilderten Art stellen für viele Schulen ein möglichst zu vermeidendes Katastrophenszenario dar, selbst dann, wenn sie gehäuft auftreten. Ob und wie gehäuft sie auftreten, hängt einerseits von unterschiedlichen Dynamiken wie Cliquenbildungen oder Standortbedingungen ab, andererseits auch von der Aufmerksamkeit der Lehrpersonen vor Ort. Dabei lässt sich nicht immer klar erkennen, wann und welche Äußerungen oder Taten darauf hinweisen, dass jemand gefährdet oder bereits in den Fängen einer extremistischen Gruppe ist. Dazu ist gezieltes Beobachten gefragt, das oft nur möglich ist, wenn mehrere Lehrer*innen dies gemeinsam verfolgen und sich darüber austauschen. Verhärtet sich der Verdacht auf Radikalisierung, stellt sich die Frage, wie hier adäquat zu handeln ist.

14.1 Faszination extremistischer Gruppierungen

Junge Menschen sind auf der Suche nach Sinn in ihrem Leben, nach Anerkennung bei anderen, nach dem, was ihnen Heimat geben kann, nach dem, was sie sein wollen und wie ihre Zukunft aussehen soll. Dieser Suchprozess ist begleitet von Unsicherheit. Dazu benötigen sie ein wohlwollend stützendes Umfeld durch Familie, Freund*innen,

14.1 Faszination extremistischer Gruppierungen

Schule und Freizeiteinrichtungen, das ihnen Erfahrungen des Dazugehörens, des Selbstwerts und des Vertrauens ermöglicht. Fehlen diese Erfahrungen, kann dies Jugendliche disponieren, sich Menschen oder Gruppen mit extremer Gesinnung anzuschließen, die ihnen Halt und Zugehörigkeit versprechen. Dies kann von rechtsextremen bis zu religiös motivierten extremistischen und anderen, den gesellschaftlichen Zusammenhalt bedrohenden Gruppierungen reichen.

Jugendliche können aber auch extremistisches oder sehr rigoroses politisches sowie religiöses Gedankengut bereits aus ihrem näheren sozialen Kontext mitbringen. In diesen Fällen sind ihnen die Orientierung an Autoritäten und ihren Befehlen, das Erleben von Kontrolle und der Druck, nichts Negatives über die »Familie« oder die Gemeinschaft nach außen zu tragen, sehr vertraut. Dieser Background hält Kinder und Jugendliche dann davon ab, sich außerhalb ihres Milieus Beziehungen zu suchen und dort Heimat zu finden. Sich mit anderen Gedanken auseinanderzusetzen, kann schon bedrohlich sein.

Es gibt aber auch jene Gruppe von Jugendlichen, die in privilegierten Verhältnissen aufwächst, in extremistischen Gruppierungen aber etwas Exotisches entdeckt, das es ihnen ermöglicht, in Totalopposition zu Elternhaus und Gesellschaft zu treten. Deren Ideale erscheinen ihnen nicht erstrebenswert, vielmehr widert sie deren Sattheit und Stolz auf das Erreichte an (Fabris 2019).

Obwohl Radikalisierungsprozesse sehr individuell verlaufen, gehen Erklärungsmodelle davon aus, dass es sowohl Pull- als auch Pushfaktoren gibt, die Radikalisierung bewirken. Zu den Pullfaktoren gehört die Anziehungskraft bestimmter Gruppierungen, die dem Einzelnen das Gefühl geben, in dieser Überzeugung und Lebensform Identität bzw. Heimat zu finden. Zugang zu solchen Gruppierungen ist über das Internet leicht möglich. Zu den Pushfaktoren zählen die Erfahrungen von Unzufriedenheit, Unmut oder Konflikten, die die Bereitschaft einer Person verstärken, sich von ihrer gewohnten Umgebung und der Gesellschaft abzuwenden und neuen Ideen und Sichtweisen von Welt und Mensch zuzuwenden. Extremistische Ideologien sind durch eine vereinfachte Weltsicht charakterisiert, die eindeutig in Gut und Böse einteilt, meist einen Schuldigen (»*die Juden*«, »*die Muslime*«, »*die westliche Welt«)* identifiziert, klare Lösungen bereitstellt und ein motivierendes Angebot zur Mitarbeit bietet.

Ob vorhandene Pull- und Pushfaktoren Wirkungen erzielen oder nicht, ist von individuellen Erfahrungen und Entwicklungen abhängig. So können Erfahrungen von Diskriminierung, Krisen oder alterstypische Entwicklungen, wie die Abgrenzung von der Familie und deren religiösen oder politischen Überzeugungen, ausschlaggebend sein oder einen zentralen Impuls setzen, für eine neue Lebensgestaltung und neue Überzeugungen ansprechbar zu sein. Dabei eine starke Gruppe zu erleben, exklusiv dazuzugehören, klaren Orientierungsmustern folgen zu können bis hin zu den Möglichkeiten, aufgestautem Hass oder Demütigungen durch Gewalt zu begegnen, können eine starke Attraktivität ausüben (RAN 2016, 4).

Radikalisierung kann sich auch als bewusste Konfrontation zeigen. Olivier Roy spricht im Hinblick auf islamisch-fundamentalistische Jugendliche von »Islamisierung von Radikalität«, wenn sich diese von der Elterngeneration und der Gesellschaft abwenden. Radikalität wird dabei um ihrer selbst willen in einen bestimmten Bezugsrahmen eingebettet. So beispielsweise, wenn sich westlich sozialisierte Jugendliche dem IS anschließen. Sie sind »angetrieben von dem Willen, Tabula rasa zu machen, das Gedächtnis auszulöschen, im Verhältnis zu den Eltern die Meister der Wahrheit zu werden« (Roy 2017, 106). Dass diese Jugendlichen nur geringe religiöse Kenntnisse haben und Attentate teils ohne unmittelbare Kontakte zur Organisation verübt werden, stärkt diesen Gedanken. Gegenüber der Einschätzung, dass Radikalisierung der Islamisierung vorausgeht, konstatiert Gilles Kepel einen Kulturkampf innerhalb des Islams und betont die religiöse Dimension des Islamismus (Binswanger 2016; Brändle 2016). Beide Positionen – einmal aus psychologischer, einmal aus soziologischer Perspektive – ergänzen einander eher, als dass sie sich ausschließen.

14.2 Was charakterisiert extremistische Ideologien?

Extremistische Ideologien verfolgen einen weltanschaulichen Alleinerklärungsanspruch, der nicht nur kognitiv, sondern auch emotional vertreten wird. Insbesondere die emotionale Seite verhindert, dass ein argumentatives Aufzeigen von falschen Informationen Wirkung zeigt. Selbst persönliche Bekanntschaften (im Falle von Antisemitismus mit jüdischen Bürger*innen, im Falle von antiislamischen Ideologien mit muslimischen Bürger*innen) vermögen durch die starke Emotionalisierung am Festhalten an der Ideologie häufig nichts zu ändern. Extremistische Ideologien stützen sich dabei vielfach auch auf Alltagsrassismen, die in Sprache und Verhalten unreflektiert übernommen werden und bestimmte subkulturelle Peergroups prägen [Diskriminierung, ▶ Kap. 4]. Sie gehen häufig mit einer Akzeptanz von Gewalt einher. Generell kennzeichnend für extremistische Gruppierungen ist ein starres Gebots- und Verbotssystem, dem ein verstärktes Kontrollsystem entspricht, das wiederum von äußeren oder inneren Zwangsmaßnahmen begleitet wird. Prägend sind auch starre Geschlechterrollen, Hierarchisierungen der Geschlechter- und Generationenbeziehungen sowie konservative bis hin zu gewalttätigen Erziehungsformen. Dass die Erfahrung von Zugehörigkeit, Identität und Gemeinschaft, die in diesen streng reglementierten und geschlossenen Gruppen zunächst positiv erlebt wird, nur um den Preis der Abhängigkeit, Kontrolle, Abwertung und Absonderung von anderen möglich ist, können die betroffenen jungen Menschen in ihrer Begeisterungsfähigkeit zunächst nicht erkennen bzw. nehmen sie in Kauf (Altenhof et al. 2017).

In manchen fundamentalistischen Gruppierungen aller Religionen lassen sich extremistische Tendenzen ausmachen. Was sich unter »fundamentalistisch« verstehen lässt, kann stark variieren, wie die Ausformungen der jeweiligen Gruppierungen (Tepe 2019, 115). Ein durchgängiges Charakteristikum ist das Festhalten an einer wortwörtlichen Auslegung der heiligen Schrift(en) sowie ein exklusiver Wahrheitsanspruch, der sich häufig auch in Intoleranz anderen gegenüber zeigt (Spenlen 2019, 187–189). Gewaltbereitschaft wird zwar aktuell vorrangig in Bezug auf den IS diskutiert, aber daneben gibt es christliche, jüdische sowie hindunationale oder buddhistische Gruppierungen, die kampfbereit sind. Dass gewalttätige Konflikte zwischen katholischen und evangelischen Christ*innen bis in die jüngste Vergangenheit in Europa präsent sind, verdeutlicht der Nordirlandkonflikt. All diese religiösen Gruppierungen mit ihrer Gewaltbereitschaft zeigen häufig eine Nähe zur Politik – und hier wieder vorrangig zu extremistischen Parteien (Guanzini & Appel 2016).

14.3 Welche Bedeutung hat die Schule?

Schulen stellen einen wichtigen Lebensort für junge Menschen dar. Ihnen kommt bei der präventiven Arbeit gegen Extremismus auf unterschiedlichen Ebenen eine große Bedeutung zu (RAN 2019). Wichtig ist, dass die in der Schule Verantwortlichen um die Grenzen und Möglichkeiten ihres Einflusses, die insbesondere durch die Emotionalisierung von Radikalisierung bedingt sind, wissen. Dass Schulen in ihren Inhalten und Vorgehensweisen alternative Narrative zu extremistischen Positionen anbieten, ist anzunehmen. An ihre Grenzen stoßen sie aber, wenn sich Schüler*innen in einem ideologisch formierten Zwangs- und Kontrollsystem befinden, sodass alternative Sichtweisen von ihnen nicht mehr als wertvoll und für das eigene Leben befreiend und wegweisend erkannt werden können. Diese Mechanismen des Zwangs und der Kontrolle müssen nicht von außen erfolgen, sondern können im Innersten des Individuums eingelagert sein. Dann übernehmen Kinder und Jugendliche die Sichtweise der Eltern/Glaubensgemeinschaft/ethnischen Gruppe und zensurieren für sich selbst alles, was dazu in Widerspruch stehen könnte. Die Gefahr, die schützende Gruppe zu verlieren, und das Risiko, woanders nicht dazuzugehören, wird als zu groß erlebt.

Das Wissen um derartige Abwehrreaktionen soll niemanden davon abhalten, den allgemeinen Bildungsauftrag der Schule, der die Persönlichkeitsbildung der jungen Menschen umfasst, ernst zu nehmen. Dazu gehört die Stärkung der Persönlichkeit der Schüler*innen, die nicht ausschließlich in positiver Verstärkung besteht, sondern auch Interventionen beinhaltet, die auf Verhaltensänderung abzielen und für den Einzelnen mitunter schmerzhaft sein können. Dazu gehört das Ringen um ein gedeihliches Miteinander, das erfordert, eigene Interessen und Bedürfnisse zurückzustellen. Dieser Prozess des Aushandelns und Intervenierens kann anstrengend sein, wie in Situationen, in denen sich vielfältige Widerstände breit machen: Widerstände auf Seiten der Schüler*innen, sich darauf einzulassen, Widerstände auf Seiten der Eltern, wenn diese der Meinung sind, dass ihre Weltanschauung oder religiöse Praxis nicht (genügend) respektiert wird, aber auch Widerstände auf Seiten der Lehrpersonen, wenn sich diese nicht auf gemeinsame Vorgehensweisen einigen können, Schwierigkeiten scheuen oder ausschließlich die Vermittlung von Inhalten für wichtig erachten [Unterrichtsinhalte, ▶ Kap. 13].

14.4 Wie können schulische Präventionsmaßnahmen aussehen?

Radikalisierungen generell vorbeugen

Um Jugendliche gegenüber extremistischen Ideologien zu stärken, geht es darum, sie zu befähigen, extremistische Positionen als solche zu erkennen.

- Ein wesentliches Element dazu ist, kritisches Hinterfragen zu schulen – auch um den Preis, dass Schüler*innen dann als unbequem erlebt werden. Präventiv wirken kann ebenso, Schüler*innen in partizipative Prozesse einzubinden, damit sie lernen, Demokratie direkt zu leben (vgl. Ebner 2018, 280–281).

- Zudem sind antimuslimischer Rassismus, Antisemitismus sowie andere Formen von Rassismus zu besprechen. Wichtig ist auch eine Sensibilisierung für eine vorurteilsbewusste Arbeit der Lehrpersonen, um Diskriminierungserfahrungen und Ausgrenzungserfahrungen Jugendlicher, die einen Grund für Radikalisierung abgeben können, erkennen und bearbeiten zu können [Diskriminierung, ▶ Kap. 4].

- Insbesondere in Regionen, in denen extremistische Gruppierungen aktiv sind und eine Anziehungskraft auf Jugendliche entwickeln können, kann eine besondere Aufmerksamkeit für potenziell gefährdete Jugendliche präventiv wirken. Im Falle von salafistischen Gruppierungen verlockt u. a. die Verheißung von Gemeinschaft und Selbstwirksamkeit (Kaddor 2019). Eine zentrale Aufgabe kann hier die Schulsozialarbeit übernehmen, indem sie u. a. Verbindungen zu anderen Stellen der staatlichen oder religiösen Jugendarbeit herstellt, damit Jugendliche alternative Erfahrungen machen können. Wichtig ist, eine Kenntnis spezieller Verhaltensweisen und Codes der werbenden Gruppierungen zu entwickeln. Dies kann gut in Zusammenarbeit mit Streetworkern geschehen, denen diese Milieus durch ihre Arbeit vertraut sind.

- Präventiv wirken kann die Implementierung von Anti-Gewalt-Trainingsprogrammen (wie Peer-Mediation). Damit kann die Schule unabhängig von einem Anlassfall eine orientierende Funktion ausüben, die nicht nur den sozialen Zusammenhalt stärkt, sondern Schüler*innen ermächtigt, subtile Formen der Einflussnahme erkennen zu können und Widerstand sowie Widerrede auf gewaltfreie Weise zu üben. Ebenso wichtig können schulinterne Lehrer*innenfortbildungen sein, in denen man sich auf gemeinsame Vorgehens- und Verhaltensweisen einigt sowie einen Aktionsplan mit einer genauen Abfolge der Interventionsschritte entwirft. (Bspw.: Wer ist in Verdachtsfällen wie zu informieren, welche

14.4 Wie können schulische Präventionsmaßnahmen aussehen?

Formen der Kooperation untereinander und mit anderen gesellschaftlichen Stellen wie Polizei, Jugendamt, Beratungsstellen sind für Extremismusfragen notwendig?)
* Bildend und stärkend können Einmalaktionen, wie Vorträge von Aussteiger*innen, speziell konzipierte Theaterstücke etc., sein. Im Sinne von Nachhaltigkeit ist es wichtig, dass diese in ein umfassenderes Präventivprogramm von Schulen eingebunden sind. Ein gutes Beispiel dafür gibt Finnland ab, dessen Ziel es ist, bis 2025 zu einem Land zu werden, in dem sich jede/jeder zu Hause fühlt. Dazu gibt es ministerielle Maßnahmen (Meaningful in Finland), die Hassrede und Hetze gegen andere sowie Rassismus verhindern und soziale Integration fördern sollen. Neben einer verstärkten Weiterbildung von Lehrkräften geht es auch darum, »Maßnahmen gegen Hassrede und Hetze sowie Mobbing im Internet zu koordinieren und eine respektvolle Diskussionskultur in der gesamten Gesellschaft zu fördern« (RAN 2019, 13).

Intervention in einem konkreten Anlassfall

* Liegen Vorkommnisse vor, die gewaltverherrlichend sind oder Drohungen gegenüber anderen beinhalten, weil sie einer anderen ethnischen oder religiösen Gruppierung angehören oder extremistischen Lebensvorstellungen nicht folgen, ist unmissverständlich zu signalisieren, dass Gewalt durch nichts zu legitimieren ist und nicht toleriert wird. Dies hat von Seiten der Schule sowohl den jungen Menschen als auch dem sozialen Umfeld, z. B. den Eltern gegenüber, zu geschehen.
* Bei religiös konnotierten extremistischen Äußerungen und Verhaltensweisen können religiöse Expert*innen (bspw. Religionslehrer*innen) zurate gezogen werden, die den Schüler*innen bei der Interpretation von Schrift, Regeln und Vorschriften Auskunft geben. Das Ziel besteht dabei weniger darin, radikalisierte Schüler*innen zu überzeugen als den anderen Schüler*innen Orientierung zu geben.

14 Extremismus – Radikalisierung

- Zu den Schüler*innen, bei denen der Verdacht einer Radikalisierung besteht bzw. die sich radikalisiert haben, gilt es, die Beziehung aufrecht zu erhalten, zu stärken oder wieder aufzubauen. Es ist wichtig, dass nicht alle Beziehungsebenen abgebrochen werden – auch wenn dies oft schwerfällt. Eine verständliche Reaktion wäre, sich von ihnen zu distanzieren, was die radikalisierten Jugendlichen aber nochmals in ihrer Abwendung von der »bösen Welt« bestärken würde. Wichtig ist zu unterscheiden, dass In-Beziehung-Bleiben nicht gleichbedeutend mit dem Gutheißen von extremistischen Überzeugungen, Äußerungen und Verhaltensweisen ist. Zu unterscheiden ist zwischen Person und Verhalten. Das Verhalten wird abgelehnt, die Beziehung zur Person wird zu halten versucht. Stärkend kann sich hier die Zusammenarbeit mit Jugendarbeit bzw. speziellen Beratungsstellen erweisen.
- Bei eindeutigen Äußerungen, z. B. wenn jemand direkt oder über Social Media ankündigt, in den Dschihad ziehen zu wollen oder Drohungen zur Gefährdung an Leib und Leben gegen andere ausstößt, sind jedenfalls staatliche Sicherheitsbehörden (z. B. das Amt für Verfassungsschutz) zu kontaktieren. Der Dialog sollte nach Möglichkeit aufrecht erhalten bleiben, am besten in Einzelgesprächen.

Beispiel: Radikalem Verhalten auf den Grund gehen

Eine Lehrerin ist besorgt, dass Hussein und Ali sich radikalisiert haben könnten, weil sie öfters provokant muslimische Begriffe verwenden und sich im Unterricht positiv zu Despoten äußern. Im Rahmen einer Intervention und genauerer Nachfrage stellt sich heraus, dass die beiden jungen Burschen sich für eine tiefsitzende Kränkung revanchieren. Bei der Reise zu einem Sprachaufenthalt in England mit der Schulklasse werden die beiden bei der Einreise von der Polizei aufgehalten und eine Dreiviertelstunde durchsucht. Die ganze Klasse muss wegen ihnen warten – und die Mitschüler*innen lassen ihrem Unmut darüber ihnen gegenüber freien Lauf: »Was macht ihr?«, »Habt ihr eine Bombe im Rucksack?«, »Ihr macht echt nur Probleme!« Die Lehrpersonen sind aufgrund der Verzögerungen gestresst und reagieren auf diese Äußerungen nicht weiter. Die beiden Jugendlichen scheinen sowohl das zutiefst irritierende Verhalten der Polizei als auch die Reaktionen der Klassenkolleg*innen einfach hinzunehmen. Erst einige Zeit nach der Rückkehr beginnen sie mit ihrem provozierenden Verhalten.

14.5 Reflexionsfragen

- Welche (religiös oder politisch extremistischen) Aussagen und Handlungen lösen in der Schulgemeinschaft Unbehagen aus? Bei welchen ist eine größere Toleranz spürbar?
- Wie reagieren Lehrpersonen, wenn ihnen ein*e Schüler*in begeistert von einer Gruppe erzählt, die ihnen extremistisch vorkommt?
- Gibt es an der Schule eine gemeinsame Verständigung darüber, wie man mit rechtsextremen oder religiös radikalen Aussagen umgeht?
- Mit wem kann man sich in der Schule oder dem Umfeld der Schule beraten, wenn der Verdacht besteht, dass ein*e Schüler*in in ein extremes Milieu abzurutschen droht?
- Welche Maßnahmen können Schulleitungen angesichts einer konkreten Gefahr setzen? Wer kann sie dabei unterstützen (bspw. Religionslehrer*innen, Eltern, außerschulische Kontaktstellen)?
- Welche präventiven Maßnahmen gegen extremistische Positionen sind an der Schule notwendig?

Literatur

Altenhof, Ralf/Bunk, Sarah & Piepenschneider, Melanie (Hg.) (2017): Politischer Extremismus im Vergleich: Beiträge zur Politischen Bildung. Münster: LIT.

Binswanger, Daniel (2016, 7. Juni): Der IS wird diesen Fehler eher nicht wiederholen. In: Tages-Anzeiger. Online verfügbar unter: https://www.tagesanzeiger.ch/ausland/naher-osten-und-afrika/der-is-verliert-die-sympathie-der-moderaten/story/26151241 [14.07.2021].

Brändle, Stefan (2016, 16. April): Der Clash der Islamologen in Frankreich. In: Der Standard. Online verfügbar unter: https://www.derstandard.at/story/2000034842070/der-clash-der-islamologen-in-frankreich [14.07.2021].

Ebner, Julia (2018): Wut. Was Islamisten und Rechtsextreme mit uns machen. Darmstadt: Theiss-Verlag.

Fabris, Verena (2019): Jung, radikal, extrem? Radikalisierungsprozesse bei Jugendlichen aus der Perspektive der Beratungsstelle Extremismus. In: Krobath, Thomas/Lindner, Doris & Petschnigg, Edith (Hg.), Nun sag, wie hast du's mit der religiösen Vielfalt? Zwischen Konflikt und Kompetenz in Kindergärten, Schulen und Jugendarbeit (121-132). Münster: LIT.

Guanzini, Isabella & Appel, Kurt (Hg.) (2016): Religious Fundamentalism. In: Interdisciplinary Journal for Religion and Transformation in Contemporary Society, 2.

Kaddor, Lamya (2019): Vom Klassenzimmer in den Heiligen Krieg. Warum Jugendliche islamistische Fundamentalisten werden. In: Barz, Heiner & Spenlen, Klaus (Hg.), Islam und Bildung. Auf dem Weg zur Selbstverständlichkeit (147-159). Wiesbaden: Springer.

Radicalisation Awareness Network (RAN) (2016): Die Wurzeln des gewaltbereiten Extremismus.

Radicalisation Awareness Network (RAN) (2019): Ex-post-Beitrag: Bildung und Radikalisierungsprävention: Wie der Staat Schulen und Lehrkräfte bei der Prävention/Bekämpfung des gewaltbereiten Extremismus unterstützen kann.

Roy, Olivier (2017): Ihr liebt das Leben, wir lieben den Tod. Der Dschihad und die Wurzeln des Terrors. München: Siedler-Verlag.

Spenlen, Klaus (2019): Religiöse Konflikte in multikulturellen Gesellschaften. In: Barz, Heiner & Spenlen, Klaus (Hg.), Islam und Bildung. Auf dem Weg zur Selbstverständlichkeit (179-200). Wiesbaden: Springer.

Tepe, Peter (2019): Zur Kritik des Fundamentalismus. In: Barz, Heiner & Spenlen, Klaus (Hg.), Islam und Bildung. Auf dem Weg zur Selbstverständlichkeit (109-132). Wiesbaden: Springer.

15

Körperlichkeit und Sexualität

Nach einem Konflikt während der Unterrichtsstunde bittet die Lehrerin einer Mittelschule den Schüler zu einem Vier-Augen-Gespräch. Sie erläutert ihm, dass sein Verhalten nicht akzeptabel ist und sie sich eine Änderung wünscht. Er schaut sie von oben herab an, grinst und sagt, dass sie ihm gar nichts zu sagen hat.

»In meiner Religion ist Sex vor der Ehe verpönt. Damit habe ich so meine Probleme« (Schülerin an einem Gymnasium).

Eine Schülerin an der Realschule hört in der Pause, wie andere darüber tuscheln, dass es eine Operation gibt, die Mädchen wieder zur Jungfrau macht.

15 Körperlichkeit und Sexualität

15.1 (K)ein schwieriges Thema in der Schule: Sexualität

Spätestens mit der Pubertät gewinnen Fragen und Interesse an sexuellen Dingen zunehmend an Gewicht. Vulgär sexualisierte Sprache, schambesetztes Verhalten, Kichern können sich bei Schüler*innen zeigen, wenn im Unterricht Fragen zum menschlichen Körper, zu Menstruation, Verhütung oder Geschlechtsverkehr thematisiert werden. Solche Reaktionsweisen dienen dazu, eigene Verlegenheiten, diffuse Gefühle oder Ängste zu verdecken. Zugleich lässt sich auch ein unbekümmerter Umgang mit Sexualität beobachten. Vorwissen, Erfahrungen und Haltungen der Jugendlichen sind unterschiedlich gelagert, was sich u. a. in sexistischen und homophoben Äußerungen niederschlägt. Jugendliche, die unbefangen mit ihren Eltern oder in der Peergroup über sexuelle Aspekte reden können und für die heteronormative Orientierungen kein ungeschriebenes Gesetz darstellen, treffen auf junge Menschen, die keine (geeignete) Sprache mitbringen, um über Sexualität, sexuelle Orientierung oder Geschlechterfragen zu sprechen.

Für Lehrpersonen wiederum kann die Bearbeitung von Themen, die mit Sexualität in Verbindung stehen, herausfordernd sein. Zunächst werden auch sie in ihrer Geschlechtlichkeit sichtbar und nicht vorurteilsfrei wahrgenommen. Aussagen zu Sexualität, Geschlechterrollen und dem Zusammenleben der Geschlechter können je nachdem, ob diese von einer weiblichen oder männlichen Lehrperson geäußert werden, unterschiedlich akzeptiert oder abgelehnt werden, wie dies im Beispiel – »*er schaut sie von oben herab an*« – deutlich wird.

Die Schule gilt als zentrale Sozialisationsinstanz in Sachen sexueller und geschlechtlicher Identität, da knapp 70 % der 14- bis 17-jährigen Schüler*innen ihre Kenntnisse überwiegend aus dem Schulunterricht beziehen (BZgA 2021). Im schulischen Kontext bahnen sich viele Beziehungen an, in Peergroups wird Wissen ausgetauscht,

Wirkungen auf andere werden erprobt, geschlechternormierende Verhaltensweisen werden verfestigt oder in Frage gestellt. Dennoch scheint es schwierig zu sein, in der Schule öffentlich über Fragen zu Sexualität zu sprechen. Als unpassend können das Setting in der Klasse, das Klassenklima oder die Lehrperson, mit der man diese Dinge nicht besprechen möchte, empfunden werden. Ebenso blockierend können normative Vorgaben aus religiösen oder familiären Kontexten wirken, die besagen, dass über sexuelle Dinge öffentlich nicht gesprochen werden soll. Streng religiöse oder konservative Weltanschauungen können für ein Sexualitätstabu und traditionelle Geschlechterrollen den ideologischen Boden bereiten, wobei Mädchen öfter streng normierenden Zwängen unterworfen sind und sozial kontrolliert werden als Jungen. Auch Jungen, die traditionellen Männlichkeitsnormen nicht entsprechen, können Ausgrenzungen und Erniedrigungen erfahren. Manches geschieht offensichtlich, vieles im Verborgenen. Reaktionen im schulischen Kontext auf solche Gegebenheiten umfassen ein weites Spektrum: von Überhören und Übersehen bestimmter Verhaltensweisen bis hin zu aktivem Aufgreifen und Bearbeiten.

15.2 Sexualität, Macht und Geschlecht in den Religionen

Der Umgang mit Sexualität und Geschlecht in den unterschiedlichen Religionen kann als ein schillernder bezeichnet werden. Zunächst, weil sich historisch betrachtet quer durch verschiedene Religionen unterschiedliche Phasen beobachten lassen, die von einer Hochschätzung von Sexualität bis hin zu rigiden Sexualnormen und Geschlechterverständnissen reichen können. Innerhalb von Religionen können sich starke Unterschiede zeigen, die zeitgleich nebeneinander existieren.

15 Körperlichkeit und Sexualität

In Judentum, Christentum und Islam kommt der Auslegung der Schriften – auch der darin auffindbaren widersprüchlichen Aussagen – eine wichtige Bedeutung zu. Damit stellt sich die Frage nach der Interpretationsmacht und der Autorität. Generell lässt sich in institutionell verfestigten Religionen eine stark androzentrische Ausrichtung ausmachen (Heller 2019). Über feministische und genderorientierte Positionen wurden in den letzten Jahrzehnten vermehrt neue Perspektiven eingebracht, die auf Mechanismen der Unterdrückung und Ausblendung von Frauen und anderer marginalisierter Gruppen aufmerksam machen und neue Interpretationsweisen einspeisen. Filme wie »Female Pleasure« oder die Serie »Unorthodox« thematisieren Unterdrückungsmechanismen, die über Sexualität und Geschlechterrollen insbesondere Frauen in ihrer Autonomie beschneiden und Kontrolle ausüben.

Unterschiedliche Entwicklungen im Verständnis von Sexualität in den Religionen mit damit jeweils einhergehenden Geschlechtervorstellungen zeigen einerseits, dass Religionen in ihren Traditionen stark androzentrisch orientiert sind, dass diese Orientierungen andererseits aber wandel- und veränderbar sind. Obwohl moderne Geschlechterverständnisse in Spannung zu religiösen Traditionen stehen können, bleibt zu bedenken, dass die Entwicklungen zur Anerkennung der Menschenwürde aller Menschen, den Menschenrechten, die auch das Recht auf sexuelle Autonomie umfassen, jedenfalls in Europa nicht unabhängig vom jüdischen und christlichen Kontext gesehen werden können. Die Sichtweise vom Menschen als Ebenbild Gottes gilt für jedes menschliche Geschöpf ohne Einschränkungen.

Perspektiven im Judentum

In der hebräischen Bibel findet sich eine enge Verbindung zwischen Ehe und sinnlicher Begierde. Sinneslust ist nach jüdischer Auffassung nicht nur eine Empfehlung, sondern geboten und heilig. Der eheliche Verkehr gehört zur Schabbatfreude. Sexuelle Aktivitäten haben ihren Ort in der Ehe und sind auf bestimmte Tage beschränkt.

15.2 Sexualität, Macht und Geschlecht in den Religionen

Frauen und Männern sind im täglichen Leben unterschiedliche Rollen zugedacht, die mit einer ungleichen Verteilung von Macht und Autorität verbunden sind. Der Machtbereich von Frauen umfasst das Haus auf Kosten der Teilnahme am öffentlichen Leben und eines geringen Rechtsstatus. Lassen sich in ultraorthodoxen Gruppierungen viele dieser Gepflogenheiten bis heute auffinden, erfolgte durch breitere Emanzipationsbewegungen seit dem 19. Jahrhundert eine zunehmende Anpassung der Gebote an die Entwicklungen der modernen Gesellschaft. Das Ringen um Gleichberechtigung von Frauen und Männern betrifft auch das religiöse Leben, sodass mittlerweile auch Frauen vereinzelt das Amt der Rabbinerin ausüben.

Perspektiven im Islam

Wenngleich ein restriktiver Umgang mit Sexualität in islamischen Kontexten stark diskutiert wird (Ulfat 2020, 82), lohnt ein Blick in die Geschichte, die ein anderes Bild zeichnet. Nach Ali Ghandour findet sich bei urbanen Muslim*innen bis etwa 1800 eine Praxis, in der Fragen zu Sexualität in der Öffentlichkeit offen thematisiert wurden und Homoerotik sowie auch Prostitution akzeptiert waren. Den großen Wandel bewirken die Kolonialisierungsprozesse, die zur Übernahme der viktorianischen Sexualmoral durch die Muslim*innen führte. Dieses enge sexualmoralische Verständnis verstärkt sich durch den Verlust militärischer und wirtschaftlicher Macht, der ab dem 19. Jahrhundert einsetzte und der mit dem Überschwappen der sexuellen Freizügigkeit aus dem Westen in der postkolonialen Epoche ab den 60er Jahren in engem Zusammenhang gesehen wird. Gestützt wird dies weiters durch enge, teilweise fundamentalistische Auslegungen der Quellen, wie sie u. a. insbesondere durch Wahabismus und Salafismus erfolgen (Ghandour 2019, 162–183). Eine zeitgenössische muslimische Sexualethik steht noch aus. Fahimah Ulfat beklagt, dass selbst progressiv klingende Ratgeber oftmals nur davon handeln, wie Frauen ihre Männer sexuell befriedigen und glücklich machen können (Ulfat 2020, 82).

15 Körperlichkeit und Sexualität

Perspektiven im Christentum

Im Christentum wurde sexuelle Lust im Laufe ihrer Geschichte vermehrt mit Sünde in Verbindung gebracht. Besonders der Frau wurde die Rolle der Verführerin zum Bösen und gleichzeitig der Wächterin von Keuschheit und Reinheit zugedacht. In der katholischen Kirche lässt sich eine große Diskrepanz zwischen Sexuallehre und gelebter Praxis erkennen (Goertz 2019). In den letzten Jahrzehnten sind daher auch Diskussionen rund um den Zölibat, das Priestertum der Frau, Empfängnisverhütung oder den Umgang mit gleichgeschlechtlicher Liebe aufgebrochen. Der Autoritäts- und Glaubwürdigkeitsverlust der Kirchen zu diesen Fragen wurde durch das Publikwerden und die daraus resultierenden Debatten zu sexualisierter Gewalt beschleunigt. Daneben lassen sich Gegenbewegungen beobachten, die einer restriktiven Sexualmoral und traditionellen Familien- und Geschlechtervorstellungen folgen. In modernen theologischen Reflexionen wird ausgehend von der Gottebenbildlichkeit und der unbedingten Annahme des Menschen durch Gott entfaltet, wie ein gerechtes Zusammenleben der Menschen in ihren unterschiedlichen Bedürfnissen und Orientierungen gelingen kann. Dabei ist nicht eine heteronormative Vorgabe in erster Linie leitend, sondern die bedingungslose Annahme des Menschen (Hilpert 2011).

Perspektiven in den Hindu-Religionen

Im Hinduismus gibt es eine Diskrepanz zwischen den religiösen Traditionen und dem Alltagsleben. So zeigen Darstellungen in indischen Tempeln (z. B. Khajuraho) unterschiedliche Sexualpraktiken zwischen Frauen und Männern, gleichgeschlechtlichen Paaren und zwischen mehreren Liebespartner*innen. In den Gottheiten selbst finden sich Geschlechtertransformationen, die Transgender-Elemente aufweisen, wie etwa Shiva, der nicht nur als Mann, sondern auch als Frau erscheint. Demgegenüber steht das gegenwärtige Alltagsleben in Indien, das sehr puritanisch orientiert ist (Satish

2020). Die Vielfalt von religiösen Vorstellungen im Hinduismus wird in puritanischen Kontexten eingeschränkt, indem Stigmatisierungspraktiken – beispielsweise von LGBTIQ-Personen – dadurch legitimiert werden, dass mythologische Geschichten, die nicht der derzeitigen Norm entsprechen, von religiösen Führern aussortiert werden. Auch in der indischen Gesellschaft scheint sich ein Strukturwandel abzuzeichnen (Satish 2020, 235).

15.3 (Religiöse) Wertekonflikte: Beispiel Jungfräulichkeit

Religiöse Jugendliche können sich in einer Spannung befinden, zwischen dem Wunsch nach einer egalitären Partnerschaft bzw. einer erfüllten Sexualität, wie sie diese im schulischen Kontext normativ vorgestellt bekommen, und traditionellen Wertvorstellungen, die ihren familiären und/oder religiösen Kontext prägen. Konflikte für Jugendliche zeigen sich dann beispielsweise an den Vorschriften zu sexueller Enthaltsamkeit vor der Ehe, die wiederum starke geschlechtsspezifische Ungleichheiten aufweisen.

Wachsen Jugendliche verschiedener religiöser Traditionen in Familien mit strikten sexuellen Vorstellungen auf, gehen sie unterschiedlich mit diesen an sie herangetragenen Anforderungen um. Von einigen Jugendlichen werden religiöse Sexualitätsnormen als selbstgewählt und nicht als sozialer Zwang ausgewiesen und freiwillig übernommen. Andere wiederum distanzieren sich von tradierten Vorstellungen und leben nicht danach. Reaktionsweisen können vom Verschweigen sexueller Beziehungen bis zum Ablösen vom Elternhaus reichen (Kondzialka 2005). Die Auseinandersetzung hiermit gestaltet sich für Jungen und Mädchen in der Praxis teilweise in unterschiedlicher Form. Empirisch umfangreich und deutlich herausgearbeitet wurde in Studien zu muslimischen Jugendlichen, dass die Jungfräulichkeit für Mädchen als religiöses Gebot einen normierenden Charakter enthält und oft mit dem Ehrgebot in Verbindung gebracht wird (Ziebertz et al. 2010; Müller 2006, bes. 164–167). Melisa Erkurt hält fest, dass das muslimische Mädchen »oft immer noch die ganze Familie und für die Mehrheitsgesellschaft seine ganze Herkunft« (Erkurt 2020, 106) repräsentiert, wohingegen sexuelle Erfahrungen bei muslimischen Jungen eher geduldet bzw. nicht weiter thematisiert werden.

Generell zeigt sich: Je rigider ein (religiöser) Kontext ist, umso seltener werden Fragen zu Sexualität prinzipiell bzw. nur mit einem bestimmten Ziel thematisiert und umso rigider sind auch die Vorgaben, die insbesondere für Mädchen und Frauen aufgestellt werden und im Jungfräulichkeitsgebot mit den damit verbundenen Kontrollen und Sanktionierungen ihren extremen Ausdruck finden. Auffallend ist, dass Initiativen zu Geschlechtergerechtigkeit wie Gender Mainstreaming u. Ä. ebenso abgelehnt werden wie die Anerkennung von Phänomenen wie Homo-, Inter- und Transsexualität.

Die jungen Menschen bleiben mit ihren Fragen und Ängsten zu Sexualität dann oftmals allein bzw. können sich ihre Informationen lediglich aus dem Internet bzw. über die Peergroup organisieren. Mangelnde Informationen, geringe Aufklärung sowie restriktive Sexualitätsvorstellungen bilden in der Folge auch einen Nährboden für sexualisierte Gewaltübergriffe, die junge Menschen aufgrund von Geschlechter- und/oder Generationenhierarchien leichter zu Opfern machen.

15.4 Pädagogische Perspektiven

Im Umgang mit intimen Fragen können verschiedene religiöse Prägungen und Anschauungen und unterschiedliche Weltanschauungen nochmals in ihrer besonderen Brisanz erfahren werden. Schüler*innen finden sich schnell in einem Spannungsfeld, dem sie

15.4 Pädagogische Perspektiven

sich zu entziehen versuchen. Dies zeigt sich, wenn sich bisher erlernte Normen in der Herkunftsfamilie nicht mit jenen der Lehrpersonen oder der Peergroup decken. Jugendliche – und hier sind Mädchen in besonderer Weise betroffen – können sich hin- und hergerissen fühlen zwischen den Überzeugungen und Werten ihrer Herkunftsfamilien, ihrer sexuellen Neugierde und einer progressiven Einstellung zu dem Thema.

In der Schule können einige wesentliche Aspekte berücksichtigt werden:

- *Informationen zu Fragen der Sexualität und religiösen Vorstellungen:* Damit die jungen Menschen sich nicht zwischen religiösen, kulturellen, familiären Vorgaben und ihren berechtigten Fragen alleine fühlen, kommt der Schule eine zentrale Aufgabe zu. In ihr erhalten Schüler*innen einen Zugang zu Informationen über ihren Körper und Fragen der Sexualität sowie zu einem selbstbestimmten und geschlechtergerechten Zusammenleben. Außerdem können unterschiedliche religiöse Vorstellungen diskutiert und so auch die Ambivalenz der Haltung der Religionen zu Sexualität deutlich werden.
- *Kommunikation über Sexualität:* Im günstigsten Fall können Schüler*innen in ihrem schulischen Umfeld erleben, dass unbefangen über Sexualität gesprochen werden kann, ein wertschätzender Umgang mit unterschiedlichen sexuellen Orientierungen und Geschlechteridentitäten gegeben ist und sie darin ermutigt werden, Stereotype zu hinterfragen. Werden dazu Sicht- und Interpretationsweisen eingespeist, die aus religiöser Perspektive sexualitätsbejahend sind sowie Geschlechtervielfalt und Geschlechtergerechtigkeit aktiv fördern, eröffnet dies religiösen Schüler*innen alternative Lesarten. Sexualerziehung, die nicht allein biologisch richtige Fakten, sondern auch Fragen der geschlechtlichen Vielfalt und des Umgangs zwischen den Geschlechtern thematisiert, ist in bestimmten Fächern explizit curricular verankert, tangiert aber alle Fächer und Schulaktivitäten (Bak & Yildiz 2016, 184). Erschwerend kann sich auswirken, wenn Widerstände von (religiösen) Eltern zu erwarten

sind, die darauf bestehen, dass ihre Kinder mit Sexualitätsfragen (noch) nicht belästigt werden oder die ihre Kinder an Tagen, wo diese Themen besprochen werden, zu Hause lassen. Hier sind Gesprächsbereitschaft und Geduld der Lehrperson gefragt [Unterrichtsinhalte, ▶ Kap. 13].

- *Lehrpersonen mit unterschiedlichen kulturellen und religiösen Prägungen:* Lehrpersonen, die kulturelle und religiöse Pluralität aus ihrer eigenen Biografie kennen und sich gut auf die Fragen und Nöte der Schüler*innen einlassen können, können wertvolle Ansprechpersonen sein.

Beispiel aus »Generation Haram«

»Als ich 2018 im Zuge eines Schulprojekts eine Woche ganz allein mit einer HTL-Klasse im zehnten Bezirk verbrachte, einer Klasse aus dreißig Burschen im schlimmsten Teenageralter ohne ein einziges Mädchen, hätte das für mich als junge Frau den Stereotypen zufolge nicht glattgehen können. Aber es wurde eine großartige Woche, mit tiefgründigen Gesprächen und wichtiger Aufarbeitung von Rollenbildern. [...] Das gemeinsame Besprechen dieser für die Jugendlichen so wichtigen Themen hatte mir Vertrauen eingebracht. So viel Vertrauen, dass mich einer von ihnen Monate später um Hilfe beim Umgang mit einem Problem mit seiner Freundin bat« (Erkurt 2020, 122).

- *Einbezug von externen Ansprechpersonen:* Da es sehr schwierig ist, für alle Schüler*innen in ihren vielfältigen kulturellen und religiösen Hintergründen eine geeignete Ansprechperson zu sein, kann überlegt werden, Personen mit entsprechenden Erfahrungen in sexualpädagogische Maßnahmen einzubinden. Sie können gute Übersetzungshilfen in kultureller und religiöser Hinsicht beim Kontakt mit den Eltern leisten, beispielsweise im Rahmen eines Elternabends. Wichtig ist, dass diese zentrale Aufgabe nicht nur an einzelnen Projekttagen vorgesehen und nicht zur Gänze ausgelagert wird, sondern in den gewöhnlichen Schulalltag eingebettet bleibt.

15.5 Reflexionsfragen

- Welche Bedeutung hat Körperlichkeit in der Schule? Wo können Schüler*innen Erfahrungen mit ihrem Körper machen, wo lernen sie, auf ihren Körper zu achten, ihren Körper zu schützen und die Grenzen anderer zu respektieren?
- Wie wird mit sexualisierter Redeweise in der Schule umgegangen? Was wird geduldet, überhört und was wird sanktioniert? Von wem? Wie?
- Wo und in welchem Rahmen findet Sexualerziehung statt? Welche Regeln braucht es dazu bzw. gibt es dazu?
- Worauf können sich Jugendliche verlassen, wenn sie intime Fragen einbringen? Welche Maßnahmen können ein offenes Gespräch fördern? (Fragekästen, keine Verpflichtung zu reden, Freiräume zum Finden einer angemessenen Sprache etc.)
- Gibt es Lehrpersonen oder externe Pädagog*innen, die eine internationale Familiengeschichte mitbringen und das Vertrauen von Eltern und Kindern mit divergierenden Vorstellungen zu Sexualität und Geschlechterrollen genießen? Wie werden diese bei Elternabenden oder zu sexualpädagogischen Vorhaben eingebunden?
- Wie können Positionen aus religiösen Traditionen eingebunden werden, die Fragen der sexuellen Autonomie, der Geschlechtervielfalt und der Geschlechtergerechtigkeit positiv unterstützen, um religiösen Jugendlichen alternative Lesarten anzubieten?

Hinweise zur konkreten Auseinandersetzung im Unterricht

https://www.lilli.ch/frau_sein_weiblichkeit [14.7.2021].
https://www.lilli.ch/mann_sein_maennlichkeit [14.7.2021].
Zu Menstruationsfragen: https://www.ready-for-red.at/start/ [14.7.2021].
Ausgewählte Szenen aus der Netflix-Serie »Sex Education«.

Saric, Emina (2021): Reflexive Geschlechterpädagogik und Gleichstellung unter besonderer Berücksichtigung des Themas »Gewalt im Namen der Ehre«. Basiswissen und Herausforderungen für Schulen. Wien: BMBWF.

Literatur

Bak, Raphael & Yildiz, Miriam (2016): Sexuelle und geschlechtliche Vielfalt im Kontext Schule. Erfahrungen von Jugendlichen zwischen Eindeutigkeit und Mehrdeutigkeit als Herausforderung für die Praxis. In: Fereidooni, Karim & Zeoli, Antoinetta P. (Hg.), Managing Diversity. Die diversitätsbewusste Ausrichtung des Bildungs- und Kulturwesens, der Wirtschaft und Verwaltung (183–197). Wiesbaden: Springer.
Bundeszentrale für gesundheitliche Aufklärung (2021): Jugendsexualität 2019/2020. Repräsentative Wiederholungsbefragung. Die Perspektive der 14- bis 25-Jährigen. Online verfügbar unter: https://www.forschung.sexualaufklaerung.de/jugendsexualitaet/jugendsexualitaet-neunte-welle/ [14.7.2021].
Erkurt, Melisa (2020): Generation Haram. Warum Schule lernen muss, allen eine Stimme zu geben. Wien: Paul Zsolnay Verlag.
Ghandour, Ali (2019): Liebe, Sex und Allah: Das unterdrückte erotische Erbe der Muslime. München: C.H. Beck.
Goertz, Stephan (2019): Diversität zulassen. Katholische Sexuallehre nach dem Ende verordneter Einheitlichkeit. In: Herder Korrespondenz 73 (6), 47–49.
Heller, Birgit (2019): Weltreligionen und Geschlecht: Rollen, Bilder und Ordnungen der Geschlechter in vergleichend-systematischer Perspektive. In: Labouvie, Eva (Hg.), Glaube und Geschlecht. Gender Reformation (323–337). Köln: Böhlau-Verlag.
Hilpert, Konrad (Hg.) (2011): Zukunftshorizonte katholischer Sexualethik, Freiburg i. Br.: Herder.
Kondzialka, Heidi (2005): Emanzipation ist Ehrensache: Netzwerkbeziehungen, Sexualität und Partnerwahl junger Frauen türkischer Herkunft. Marburg: Tectum Wissenschaftsverlag.
Müller, Annette (2006): Die sexuelle Sozialisation in der weiblichen Adoleszenz: Mädchen und junge Frauen deutscher und türkischer Herkunft im Vergleich. Münster: Waxmann.

Satish, Navins T. (2020): Religion und Sexualmoral in Indien. Eine Studie zum gesellschaftlichen Umgang mit hinduistischen Traditionen. Baden-Baden: Tectum Wissenschaftsverlag.

Ulfat, Fahimah (2020): Sexualität und Religion bei jungen Muslim*innen in Deutschland in islamisch-religionspädagogischer Perspektive. In: ZPT 72 (1), 79-95.

Ziebertz, Hans G./Coester, Helene & Betz, Andrea (2010): Normierung von Sexualität und Autonomie. Eine qualitative Studie unter christlichen und muslimischen Mädchen. In: Ziebertz, Hans G. (Hg.), Gender in Islam und Christentum: Theoretische und empirische Studie (207-247). Berlin: LIT Verlag.

16

Krisenfälle: Tod und Trauer

> Albert kommt in die Schule und erfährt, dass die Mutter seines Freundes heute Nacht verstorben ist.
> Liane läuft im Turnunterricht blau an und fällt zu Boden. Die Rettung muss gerufen werden. Als sie ankommt, ist Liane bereits tot; auch die von der Lehrerin sofort begonnenen Reanimationsversuche konnten sie nicht mehr zurückholen. Später stellt sich heraus, dass sie einen bis dahin unentdeckten Herzfehler hatte. Die ganze Schule ist geschockt.
> Aishe fehlt in letzter Zeit sehr oft. Vor einem Monat wurde bei ihr ein Tumor entdeckt und seither muss sie öfter ins St. Anna Kinderspital.

16.1 Krisensituationen in der Schule: An- und Überforderungen

Nachrichten vom Tod naher Angehöriger, von schweren Krankheiten oder gar vom Tod von Schüler*innen unterbrechen den Schulalltag auf abrupte Weise. Betroffenheit bis hin zu Ratlosigkeit oder Fassungslosigkeit machen sich breit. Dies trifft auch Schulleitungen und Lehrpersonen, die gleichzeitig die Erwartung und den Druck verspüren, etwas unternehmen zu müssen. Da solche verstörenden Nachrichten meist plötzlich auftreten, gibt es keine lange Nachdenk-, geschweige denn Planungsphase. Viele Lehrpersonen fühlen sich überfordert: weil sie sich gerade selbst in einer schwierigen Situation befinden, weil ihnen Erfahrungen im Umgang mit schweren Krankheiten und Tod fehlen oder weil sie Angst vor den möglichen Reaktionen der Kinder oder ihren eigenen haben.

Die Fülle an Fragen, die auftauchen, und die disparaten Gefühle, die sich einstellen, bewirken oft Sprachlosigkeit. Betroffene Lehrer*innen wenden sich dann an Kolleg*innen, denen zugetraut wird, mit der Situation gut umgehen zu können. Angesprochen werden z. B. Beratungslehrer*innen oder Kolleg*innen, die eine therapeutische Zusatzausbildung haben. Nicht selten wird auch Rat bei Religionslehrer*innen eingeholt. Dennoch sind alle Personen, die den betroffenen Menschen kennen/kannten, herausgefordert, sich mit der traurigen Nachricht auseinanderzusetzen. Nicht nur einzelne Personen oder Expert*innen sind gefordert, sondern die gesamte Schule (Nolden et al. 2018). Um mit kollektiver Trauer gut umgehen zu können, kann es für Schulen hilfreich sein, wenn sie unabhängig von akuten Fällen vorausdenken, Handlungsmöglichkeiten erarbeiten sowie notwendige Informationen, z. B. in Form eines Krisenkoffers, verfügbar halten. Dies kann helfen, sich der Situation weniger ausgeliefert zu fühlen (Schodritz 2015, 83).

16.2 Auf existenzielle Fragen zurückgeworfen werden

Schwere Krankheit und Tod führen zu zentralen existenziellen Fragen: Ist mit dem Tod alles zu Ende? Lässt sich darüber hinaus etwas hoffen? Gibt es so etwas wie ein Weiterleben?

Diese großen Fragen nach dem Woher, Wohin und Wozu, die keine eindeutigen, für alle gültigen Antworten ermöglichen, bergen religiöses Potential. Je nach weltanschaulicher Sicht werden unterschiedliche Antwortversuche unternommen.

Für Schüler*innen ist wichtig, dass sie mit ihren Fragen nicht nur auf geheimnisvolles Schweigen stoßen. Sie wollen verstehen können, was (ihnen) in dieser Situation passiert und wie dies gedeutet werden kann. Sie sind auf Kommunikation angewiesen – auch wenn es in solchen Situationen schwer ist, etwas zu sagen. Sie brauchen zumindest die orientierende Erläuterung, dass es sich um ein schmerzvolles oder nachdenkliches Schweigen handelt und verschiedene Antworten möglich sind. Offenheit und Respekt gegenüber vielfältigen Antwortversuchen sind ein wichtiger Beitrag.

Je nach religiöser Beheimatung in einer bestimmten Tradition bringen die Schüler*innen unterschiedliche Vorstellungen oder Erfahrungen im Umgang mit der Endgültigkeit des Lebens, mit dem Tod und den Toten mit (Haus der Religionen 2017). Dies kann eine Fülle an Riten und Ritualen berühren, wie beispielsweise rituelle Waschungen, Einbalsamierung und Einkleidung des Leichnams, Totenwache, Totenklage, rituelle Gebete, erlaubte Formen der Bestattung, Verhalten der Trauernden, Trauerfeiern und Trauerzeiten. Hinter den Bräuchen stecken je spezifische Auffassungen von Leben und Tod, dem Körper-Seele-Geist-Verhältnis, dem Weiterleben nach dem Tod, der Stellung des Einzelnen als Mitglied der Menschheitsfamilie und vor Gott/den Gottheiten sowie der Erinnerung an die Toten (Heller 2012). Es ist nicht notwendig, im Detail über die verschiedenen Vorstellungen und Rituale Bescheid zu wissen. Im Anlassfall sollte aber die Möglichkeit der

Verortung der Betroffenen innerhalb einer bestimmten und prägenden religiösen Tradition in Betracht gezogen werden. Ein interessiertes Nachfragen kann Schüler*innen das Gefühl geben, dass sie mit ihrer religiösen Tradition ernst genommen werden.

16.3 Mit Gefühlen umgehen

In einer Krisensituation können unterschiedliche Gefühle auftauchen. Lehrpersonen gestehen sich ihre Gefühle oft nicht zu, weil ihnen das unprofessionell erscheint. Gefühlsäußerungen von Betroffenheit und Trauer bis hin zu Weinen wirken dann peinlich, wenn die Schüler*innen nicht wissen, woher diese Gefühle rühren und wie sie darauf reagieren sollen. Professionelles Handeln von Lehrpersonen zeigt sich nicht darin, dass sie Gefühle nicht zulassen und unberührt bleiben, sondern im Mut, die vorhandenen, auch irritierenden Gefühle anzusprechen. Sie geben Halt, indem sie sich gemeinsam mit den Schüler*innen und Kolleg*innen der Situation von Schmerz, Leid und Trauer aussetzen.

Schüler*innen erhalten dadurch implizit die Botschaft, ihre Gefühle der Trauer und des Schmerzes ebenfalls zulassen zu dürfen. Damit kann einem zu großen Spannungsaufbau vorgebeugt werden, der sich ansonsten in Blödeleien seinen Ausweg suchen kann, maßregelndes Verhalten evoziert und Schüler*innen mit ihren Gefühlen allein lässt.

Trauer kann sehr unterschiedliche Formen annehmen, der Umgang mit ihr kann auch kulturell-religiös geprägt sein. Für Lehrpersonen ist es wichtig zu wissen, dass die Trauer von Kindern und Jugendlichen im Erleben und in den damit verbundenen Aufgaben der Trauerverarbeitung gemeinsame Züge aufweist, dass sie sich aber im Ausdruck und in den Möglichkeiten der Verarbeitung stark unterscheiden können (Senf 2014, 125–128). Reagieren Kinder apathisch, still in sich zurückgezogen, können Lehrpersonen häufig besser damit umgehen als mit unerklärlichen Wutausbrüchen. Bei Letzteren fällt es Lehrpersonen häufig schwerer, Verständnis aufzubringen.

> **Mögliche Trauerreaktionen**
>
> Trauer kennt unterschiedliche Ausdrucksweisen, die keinen Aufschluss über deren Intensität geben. Trauer kann Formen von Regungslosigkeit bis hin zu lautem kollektiven Wehklagen umfassen, die auch durch religiöse und kulturelle Kontexte vorgeprägt sein können. Weinen und Schreien bis hin zum körperlichen Zusammenbruch sind mögliche Reaktionsweisen, ebenso abwehrendes oder irrationales Verhalten wie unvermutetes Lachen. Nach einem ersten Realisieren der Unumkehrbarkeit der Situation können sich zeitversetzt Gefühle der Wut, der Angst und des Zornes einstellen. Diese Reaktionen sind auch in religiösen Traditionen überliefert und sind nicht als Zeichen geringen Glaubens zu werten.

Gerade in Ausnahmesituationen ist es wichtig, wenig vertraute, ungewohnte oder verstörende Trauerformen nicht abzuwerten. Sie als »normale« Reaktion auf eine außergewöhnliche Situation zu deuten, kann auf die Betroffenen sehr entlastend wirken, da sie selbst von ihrem Verhalten irritiert sein können. Bestimmte Reaktionen als unangemessen zurückzuweisen, könnte zusätzliche Beschämungen bewirken. Auch bei zeitversetzt eintretenden Gefühlen ist es wichtig, dass diese nicht verleugnet werden müssen, sondern als normale Reaktionen verstanden werden (Schuurmann 2014, 270).

> **Beispiel: Umgang mit Gefühlsausbrüchen in einer Krisensituation**
>
> S. zeigt nach einer schweren Erkrankung seiner Mutter, die sie auf die Intensivstation gebracht hat, in der Schule immer wieder Wutausbrüche. Die Mitschüler*innen fürchten sich davor. Wie könnte eine Kommunikation erfolgen, die sowohl Verständnis als auch die Ängste der Mitschüler*innen ausdrückt?
>
> Lehrpersonen sind Vermittler*innen zwischen unterschiedlichen individuellen und kollektiven Gefühlen und Bedürfnissen.

Diese Gefühle und Bedürfnisse anzusprechen kann den Schüler*innen Orientierung geben: »Es macht dich wütend, dass deine Mutter dich mit deinen Geschwistern allein zurückgelassen hat. Das kann ich verstehen. Deine Reaktion erschreckt aber deinen Nachbarn; er fürchtet sich vor dir.«

Unterschiedliche Umgangsformen mit Trauer direkt anzusprechen und dadurch Deutungshilfe zu geben, kann Einsicht in die Reaktionsweisen und Verständnis füreinander fördern. Manche Reaktionen verlieren dadurch ihren Schrecken oder ihre Bedrohung bzw. können in ihren unbeabsichtigten Folgen gesehen werden. Wenn die Trauer in Wut umschlägt, kann es helfen, Schüler*innen ein Time-out zu gewähren oder Möglichkeiten zu eröffnen, sich in eine Nische oder an einen anderen Ort zurückzuziehen.

16.4 Wie adäquat trauern im Kontext Schule?

Schule kann mit ihrer klar vorgegebenen Struktur der Fächer- und Zeiteinteilung, der Gemeinschaft sowie mit ihren Rollen und Aufgaben in krisenhaften Situationen Stabilität vermitteln. Hier kann eine Balance zwischen Anteilnahme, Möglichkeiten des Trauerns, des Gesprächs über das Geschehene und »normalem Schulalltag« dazu beitragen, dass sich die Einzelnen in ihren Gefühlen ernst genommen fühlen und in der Schule einen Ort der Stabilität vorfinden, wenn in ihrem Leben vieles aus den Fugen gerät.

In diesem Zusammenhang können Rituale helfen, das Unsagbare auf eigene Weise auszudrücken. Sie eröffnen dem Menschen Räume, sich mit existenziellen Fragen auseinanderzusetzen, und geben Sicherheit und Orientierung, die in Phasen der Unsicherheit, der Verzweiflung, der Trauer notwendig sind. Durch vorgegebene Handlungen – die aus religiösen Traditionen aufgegriffen oder auf den Kontext hin neu konzipiert werden – treten Menschen für die Zeit des

Rituals aus ihrem Alltag heraus. So können beispielsweise das Anzünden einer Kerze, die Einladung zur Stille, zu guten Gedanken für die Betroffenen oder Bittgebete als ein intensiver Ausdruck der Verbundenheit erlebt werden. Rituale lassen sich öfter, evtl. in abgewandelter Form in einer oder mehreren Klassen, durchführen, um Schüler*innen und Lehrer*innen durch die Dynamik des Trauerprozesses durchzuleiten.

Wiederholende Rituale im Alltag helfen, diesen (wieder) zu stabilisieren. Rituale markieren in Zeiten der Verunsicherung einen Raum des Übergangs. Sie bieten die Möglichkeit, sich auf den notwendigen Transformationsprozess einzulassen. Religionslehrer*innen sind hierfür gute Ansprechpartner*innen, weil sie Vertreter*innen von religiösen Traditionen sind, die vielfältige Rituale im Umgang mit Verlust und Tod bereitstellen.

Auch eine Gedenkfeier für die Schulgemeinschaft als einmaliges Ereignis kann unterschiedliche rituelle Elemente enthalten (Dam et al. 2016). Dabei kann es hilfreich sein, das Schulgebäude zu verlassen und einen vorgeprägten Ort (Kirche, Moschee, Synagoge), am besten einen Ort, an dem es eine Verbundenheit mit dem/der Betrauerten gibt, aufzusuchen.

Anregungen für die Gestaltung einer Trauerfeier in der Schule

- Elemente der Erinnerung, die nicht nur die schönen Momente, sondern auch die widersprüchlichen und negativen umfassen
- Elemente des Abschiednehmens
- Elemente des Ausdrucks von Gemeinschaft und der Verbundenheit über den Tod hinaus
- Aufgreifen von religiösen Traditionen, die Trauer, Schmerz und Trost ausdrücken helfen, wenn es sich als situationsadäquat erweist

[Feiern, ▶ Kap. 7]

In der Trauer aktiv zu sein und sich als selbstwirksam zu erleben, stärkt das Selbstvertrauen und unterstützt dabei, die Trauer zu durchleben. Kreativität wirkt dem Gefühl der Ohnmacht entgegen. Jugendliche können sich in der kreativen oder körperlichen Betätigung beweisen, dass sie noch in der Lage sind, bestimmte Dinge zu kontrollieren und nicht allem hilflos ausgeliefert sind.

> **Beispiel**
>
> Trauer kann in der Schule fächerübergreifend ausgedrückt und bearbeitet werden. Im Kunstunterricht durch Malen, Zeichnen, Gestalten mit Ton, Holz, Metall, Schrott oder Abfällen, Gestalten von Kerzen oder Collagen, Erstellen eines Videoclips mit Erinnerungen an den/die Verstorbene*n; im Sportunterricht durch bestimmte Sportarten, die wut- und aggressionsentlastend sind (Boxen, Karate, Tanzen, ...), oder durch Entspannungsübungen; im Biologieunterricht durch Naturerlebnisse; im Deutschunterricht durch das Schreiben eigener Texte; im Musikunterricht durch Hören oder Gestalten von Musik; im Religionsunterricht durch das Vorbereiten einer Gedenkfeier (Witt-Loers 2015, 110).

16.5 ... und darüber hinaus?

Schüler*innen verbringen einen wichtigen Teil ihres Lebens in der Schule, sie haben aber auch andere soziale Orte, wie die Familie. Ihr kommt in den unterschiedlichen Fällen von Betroffenheit durch Leid, Tod und Trauer eine große Bedeutung zu. Kontakt zur Familie zu halten oder aufzubauen, kann sich als sehr wichtig erweisen. Leiden Schüler*innen, weil sich im Familienkreis lebensbedrohliche Entwicklungen abzeichnen, kann es entlastend wirken, wenn Eltern wissen, dass Lehrpersonen darüber Kenntnis haben und sie in der Begleitung ihres Kindes unterstützen. Ist das Kind selbst schwer krank, erfreuen kleine Zeichen der Verbundenheit wie Briefe, der weitere Kontakt über soziale Medien etc. In der Trauer um eine/n Mitschüler*in können das Erbitten von Fotos und Erinnerungen Anteilnahme signalisieren – ebenso wie das Übermitteln von Erinnerungen an die Familie oder das Einladen zur Trauerfeier in die Schule. Eventuell ergibt sich auch die Möglichkeit, an der Abschiedsfeier der Familie, in ihrer je speziellen religiösen Tradition, teilzunehmen. Dies kann als Stärkung und Ausdruck der Verbundenheit erlebt werden.

Klassenvorständ*innen können eine gute Brücke zwischen Familie und Schule und den unterschiedlichen Bedürfnissen bilden [Elterngespräche, ▶ Kap. 5]. Sie können fragen, ob und welchen Kontakt die Familie, die betroffenen Kinder/Jugendlichen wünschen, sie können Wünsche, Sorgen, Anteilnahme der Klassenkolleg*innen und der Schule übermitteln.

16.6 Reflexionsfragen

- Welche Erfahrungen im Umgang mit Krankheit, Leid und Tod gibt es an der Schule? Was hat sich als stärkend erwiesen?
- Wie ist die Idealvorstellung, mit der an der Schule mit existenziell herausfordernden Ereignissen umgegangen wird? Ist man in der Schule für mögliche Krisenfälle vorbereitet – gibt es einen Krisenkoffer o. Ä.?
- Inwiefern könnte eine schulinterne Fortbildung helfen, mögliche personelle und fachliche Ressourcen zu heben, notwendige Interventionsschritte zu antizipieren und einen Krisen-Leitfaden zu entwickeln? Wie würde eine solche Fortbildung vom Lehrerkollegium aufgenommen werden?
- Wer kann im Notfall wofür angesprochen werden: Religionsgemeinschaften, schulpsychologischer Dienst, Jugendamt, Krisenininterventionsteam, Therapeut*innen, Eltern mit speziellen Kompe-

tenzen etc.? Gibt es eine Liste mit Adressen und Telefonnummern, die den Kolleg*innen zugänglich ist?

> **Hinweise für die Begleitung von Schüler*innen verschiedener Altersgruppen**
>
> Diebold, Rebekka (2013): Trauerbegleitung von Jugendlichen. Bausteine professionellen Handlungswissens in der Offenen Jugendarbeit. Wiesbaden: Springer.
> Hinderer, Petra & Kroth, Martina (2005): Kinder bei Tod und Trauer begleiten. Konkrete Hilfestellungen in Trauersituationen für Kindergarten, Grundschule und zu Hause. Münster: Ökotopia.
> Kühne, Eileen (2020): Der Umgang mit Tod und Trauer in der Grundschule. Die Entwicklung eines kindergerechten Trauerkonzepts mit christlicher Auslegung. Berlin: LIT Verlag.
> Melching, Heiner & Radbruch, Lukas (Hg.): Leidfaden. Fachmagazin für Krisen, Leid, Trauer. Themenheft 4/2012: Kinder und Jugendliche - ein Trauerspiel.
> Reinthaler, Magdalena/Wechner, Hannes (2010): Plötzlich bist du nicht mehr da. Tod und Trauer von Jugendliche. Innsbruck: Tyrolia.
> Röseberg, Franziska & Müller, Monika (Hg.) (2014): Handbuch Kindertrauer. Die Begleitung von Kindern, Jugendlichen und ihren Familien. Göttingen: Vandenhoeck & Ruprecht.
> Witt-Loers, Stephanie (2009): Sterben, Tod und Trauer in der Schule. Eine Orientierungshilfe. Göttingen: Vandenhoeck & Ruprecht.

Literatur

Dam, Harmjan/Doğruer, Selçuk & Faust-Kallenberg, Susanna (2016): Begegnung von Christen und Muslimen in der Schule. Eine Arbeitshilfe für gemeinsames Feiern. Göttingen: Vandenhoeck & Ruprecht.
Haus der Religionen. Zentrum für interreligiöse und interkulturelle Bildung. Trauer und Bestattung in den Religionen (2017): Online verfügbar unter:

https://www.haus-der-religionen.de/de/blog/trauer-und-bestattung-in-den-religionen [12.11.2021].

Heller, Birgit (2012): Wie Religionen mit dem Tod umgehen. Grundlagen für die interkulturelle Sterbebegleitung. Freiburg i. Br.: Lambertus.

Nolden, Nicole/Fay, Kirsten/Weihrauch, Birgit & Voltz, Raymind (Hg.) (2018): Palliativ & Schule. Sterben, Tod und Trauer im Unterricht mit jugendlichen Schülerinnen und Schülern. Stuttgart: Kohlhammer.

Schodritz, Sabine (2015): Required Leadership in Krisensituationen an Schulen. Hamburg: Diplomica Verlag.

Schuurman, Donna L. (2014): Ein Club, dem keiner beitreten will – Ein Dutzend Lektionen, die ich von trauernden Kindern und Jugendlichen lernte. In: Röseberg, Franziska & Müller, Monika (Hg.), Handbuch Kindertrauer. Die Begleitung von Kindern, Jugendlichen und ihren Familien (265–272). Göttingen: Vandenhoeck & Ruprecht.

Senf, Bianca (2014): Die Trauer von Kindern und Jugendlichen nach dem Tod eines Elternteils am Beispiel Krebserkrankung. In: Röseberg, Franziska & Müller, Monika (Hg.), Handbuch Kindertrauer. Die Begleitung von Kindern, Jugendlichen und ihren Familien (119–144). Göttingen: Vandenhoeck & Ruprecht.

Witt-Loers, Stephanie (2015): Trauernde Jugendliche in der Schule (2. Aufl.). Göttingen: Vandenhoeck & Ruprecht.

17

Humor

»*Über Religion lacht man nicht*« (Lehrperson zu Schüler*innern, die sich über das Gebet eines Mitschülers lustig machen, Berufsbildende Höhere Schule).
»*Wenn sie über ihren Glauben erzählt, dann kann ich einfach nur lachen*« (Schülerin über eine Mitschülerin, Realschule).
»*Ich würde mich nie trauen, einen Witz über eine Religion zu machen. Wer weiß, wie die Betroffenen dann reagieren*« (Lehrerin an einer Berufsbildenden Höheren Schule).
»*Nach einer kurzen Einführung spielt die Lehrerin den Azzan, den muslimischen Gebetsruf, ab und drei Jungen müssen kichern. Die Lehrerin stoppt die Klänge: ›Warum lacht ihr?‹*« (Meyer 2019, 271)

Schulen können Orte sein, an denen miteinander gelacht wird und somit Gefühle der Zugehörigkeit, der Geborgenheit und Freude gegeben sind. Schulen können aber auch Orte sein, an denen über jemanden gelacht wird und somit Gefühle der Ausgrenzung, der Unsicherheit, der Verzweiflung mit sich bringen. Wo die Grenzen liegen und ob es Grenzen gibt, worüber Witze gemacht werden und gelacht werden darf, wird kontrovers diskutiert. Auch über Religion und religiöse Einstellungen wird immer wieder gelacht bzw. Witze über religiöse Einstellungen oder über Glaubensinhalte gemacht.

17.1 Formen von Humor

Humor kann mehrere Funktionen erfüllen. In der menschlichen Entwicklung kommt dem Humor eine wesentliche Bedeutung zu; altersbedingte Veränderungen des Humors sind auch auf kognitive Entwicklungsschritte zurückzuführen (Schorr 2009, 67). Drei etablierte Theorien können unterschieden werden, die verschiedene Aspekte des Humorerlebens erklären, die miteinander in Beziehung gesetzt werden können:

- *Superiority-Theorien*: Diese Theorien fokussieren auf das Lachen über andere statt mit anderen. Humor in diesem Sinn ist häufig negativ konnotiert und wird beispielsweise eingesetzt, um sich gegenüber anderen überlegen zu fühlen. Diese Form wird mitunter eingesetzt, um andere zu diffamieren.
- *Arousal-Theorien*: In dieser Perspektive wird Humor eingesetzt, um eine erregende und danach möglicherweise entspannende Wirkung zu erzeugen, wie beispielsweise beim Erzählen von Witzen. Witze können dazu beitragen, belastende Ereignisse erträglicher zu machen, indem das Lachen über Witze zu Entspannung und Erleichterung führen kann.

- *Inkongruenztheorien*: Diese beziehen sich auf rein kognitive Aspekte. Wenn etwas nicht mit der Normalität übereinstimmt, ist etwas lustig. Begründet wird dies im Unerwarteten und Überraschenden (Schorr 2009, 67).

Wie in den Theorien überblicksmäßig dargestellt, kann Humor unterschiedliche Zwecke erfüllen. Dementsprechend hängt die Frage, inwiefern der eingesetzte Humor gerechtfertigt ist, von den Situationen ab, in denen Humor vorkommt, und von den Begründungen, warum dieser eingesetzt wird.

17.2 Verletzender Humor?

Humor im Sinne der Superiority-Theorien ist in Schulen besondere Aufmerksamkeit zu schenken, weil er Personen beleidigen und verletzen kann. Dies geschieht, wenn Personen sich über andere lustig machen, diese auslachen und der Humoräußerung kein wechselseitiges Vertrauensverhältnis zu Grunde liegt. Dies kann humorvolle Äußerungen in Hierarchieverhältnissen zwischen Lehrer*innen und Schüler*innen betreffen, in denen Schüler*innen nicht die gleichen Möglichkeiten wie die Lehrpersonen haben. So können witzige Bemerkungen über einzelne Schüler*innen exkludierend wirken, wenn Lehrpersonen sich auf deren Kosten unterhalten. Witze auf Kosten anderer sind nur so lange lustig, solange man nicht selbst betroffen ist (Artamonova 2016, 193). Es kann in diesem Zusammenhang sein, dass betroffene Personen im Unterricht mitlachen, um keinen Gesichtsverlust zu erleiden, es aber dennoch als diskriminierend erleben (ebd. 2016, 180). Das Hierarchiegefälle zwischen Lehrpersonen und Schüler*innen verhindert, dass Schüler*innen ihre Verletzungen benennen können bzw. andere Schüler*innen für sie Partei ergreifen. Vielmehr signalisieren sie damit, oftmals unbewusst, dass Stärkere sich auf Kosten Schwächerer unterhalten dürfen.

Demgegenüber können in egalitären Beziehungen »riskante« Humorpraktiken stattfinden, wie beispielsweise Frotzeleien zwischen Schüler*innen in (Freundschafts-)Beziehungen. Allerdings können auch Beleidigungen »aus Spaß« zwischen Kindern und Jugendlichen verletzend sein.

17.3 Chancen von Humor

* *Humor als Möglichkeit, sich selbst zu relativieren*: Wenn sich Personen über sich selbst lustig machen, kann dies einerseits auf eine Weise erfolgen, in der sie sich selbst zu anderen machen (Self-Otherization). Häufig wird dies auf ethnische oder religiöse Merkmale bezogen, mit deren Hilfe Jugendliche »Coolness« zeigen können (Artamonova 2016, 146–147). Andererseits bedeutet über sich selbst lachen zu können auch, sich selbst nicht so wichtig zu nehmen und sich in gewissem Maß zu relativieren. Humor und Lachen bieten die Möglichkeit, zu sich selbst in Distanz zu treten, Eigenes zu reflektieren und sich eigener Charakteristika bewusst zu werden. Humorvolle kritische Selbstreflexion ermöglicht es, in Distanz zur eigenen Religion zu gehen, über diese zu lachen und sich somit nicht zu ernst zu nehmen, wie dies im jüdischen Witz oft zum Ausdruck gebracht wird.
* *Humor als Hilfe zur Lebensbewältigung*: Bei Schicksalsschlägen kann Lachen eine Möglichkeit sein, diese aufzuarbeiten und mit diesen umzugehen.
* *Humor als Anzeige für Missstände*: Mit Humor kann auf Missstände aufmerksam gemacht werden. Für Institutionen können Witze anzeigen, wo etwas nicht stimmt oder in einer Schieflage ist. Im schulischen Kontext kann Humor dazu dienen, beispielsweise auf sinnentleerte Rituale oder Regeln hinzuweisen, ohne sie direkt zu kritisieren. Auch Satire kann Missstände offenlegen, insbesondere jene ideologischer Natur. Davon bleiben Religionen nicht ausge-

nommen. Kontrovers diskutiert werden bestimmte Humorformen, welche als legitim und welche in stereotypisierender, grenzüberschreitender Weise als diskriminierend angesehen werden können (so bei Charlie Hebdo). Mit Schüler*innen über diese heiklen Themen zu sprechen, mit ihnen zum Umgang mit Humor in Religionen und Politik zu arbeiten, kann sie nicht nur dafür sensibilisieren, mögliche Verletzungs- und Diskriminierungspraktiken aufzudecken, sondern auch dafür, dass Humorlosigkeit ein Merkmal von Fundamentalismus und Extremismus sein kann.

• *Humor als Mittel im Unterricht*: In einer guten Atmosphäre kann besser gelernt werden (Rosa & Endres 2016, 107–111). Humor kann somit zu einem gelingenden, qualitätsvollen Unterrichtsgeschehen beitragen, wenn es Lehrpersonen gelingt, dadurch Spannungen zu entschärfen, z. B. durch Selbstironie oder humorvolle Interventionen in Konfliktsituationen, die Schüler*innen einen Ausweg aufzeigen, ohne dass sie dabei ihr Gesicht verlieren. Humorvolle Interventionen, die es erleichtern, Dinge auch anders, leichter zu sehen, sind von jenen zu unterscheiden, die durch Witz, Blödeln oder Sarkasmus Nöte oder Konflikte anderer nicht ernst nehmen. Ebenso kann ein humorvoller Zugang zu (religiösen) Inhalten Interesse wecken und zu einer vertieften Auseinandersetzung mit dem Thema anregen.

17.4 Grundsätzliches Verhältnis von Humor und Religion

Religiöse Einstellungen können Menschen existentiell wichtig sein; es kann sein, dass sie diese Einstellungen mit anderen Personen teilen möchten, ebenso wie es sein kann, dass sie diese möglichst privat halten möchten. Werden über religiöse Einstellungen Witze gemacht, wird darüber gelacht, kann dies dementsprechend verletzend erlebt werden. Zu fragen ist, welches Ziel damit verfolgt wird.

Will man damit den anderen lächerlich machen? Oder wird in einem freundschaftlichen Vertrauensverhältnis ein Scherz gemacht, im Wissen, dass die andere Person ähnliche Scherze machen darf? Die gleiche scherzhafte Aussage kann in unterschiedlichen Situationen Unterschiedliches bewirken. Humorvoll gemeinte Bemerkungen, die sich auf religiöse Einstellungen beziehen, sind ebenso riskant wie jene, die ethnische oder kulturelle Unterschiede aufs Korn nehmen. In den unterschiedlichen Entwicklungsphasen können humorvoll gemeinte Bemerkungen über Religion auch verunsichern oder verletzen. Eine grundsätzliche Akzeptanz von religiösen Überzeugungen, selbst wenn man sie nicht teilt, ist eine Voraussetzung, um Kinder und Jugendliche in ihren Reaktionen verstehen und schützen zu können.

17.5 Religionen sind nicht humorlos

Dass Humor und Religion sich nicht ausschließen, sondern Fröhlichkeit ein Ausdruck gläubiger Gelassenheit sein kann, zeigen unterschiedliche Beispiele aus Religionen. Für den Religionssoziologen Peter L. Berger ist Humor ein Zeichen von Transzendenz, für den Theologen Harvey Cox ist das Gelächter »der Hoffnung letzte Waffe« (1977). Das bekannteste Beispiel dafür ist wohl der jüdische Witz, der sehr oft in der verzweifelten Situation der Verfolgung entstanden ist und ein willkommenes Ventil war, sich trotz Demütigungen, Folter und Aussichtslosigkeit nicht unterkriegen zu lassen. Die Weisheit, die im jüdischen Witz oft durchblitzt, lässt sich in Verbindung mit der langen Tradition des Talmud-Studierens sehen, in welchem der Geist geschärft wird und die Debatten zur Auslegung der Texte oft zu originellen Lösungen führen. Mit Humor wurden so die dunkelsten Seiten der Geschichte zu überwinden versucht. Davon strikt zu unterscheiden ist der Witz über Juden, der versucht, Leid und Unrecht zu nivellieren, oder sich Stereotypen bedient. Diese Form wirkt nicht befreiend, sondern perpetuiert antisemitische Ressentiments. Jüdinnen und Juden werden darin bloßgestellt.

Ironische Selbstdistanz im Humor kennen auch andere Religionen. So beispielsweise, wenn Hadayatullah Hübsch Einblick in den Humor des Propheten gibt und in seiner Sammlung muslimischer Witze aus verschiedenen Ländern, in denen politische Verhältnisse oder bigotte Geistliche adressiert werden, die innerislamische Vielfalt nachzeichnet (Hübsch 2013). Im katholischen Bereich wiederum etablierte sich in bestimmten Gegenden der sogenannte Osterwitz, der am Ende des Ostergottesdienstes erzählt wird und die Osterfreude zum Ausdruck bringt bzw. verstärkt.

Beispiel: Jüdischer Witz

»Ein evangelischer Pastor stirbt, kommt in den Himmel und bekommt von Petrus als Dankeschön für sein lebenslanges Dienen einen VW-Käfer. Zufrieden fährt er damit über die Milchstraße, als ihn plötzlich ein Mercedes überholt, in dem ein katholischer Priester sitzt. Auf seine Beschwerde hin antwortet Petrus, dass der Katholik ja nicht heiraten durfte und deshalb mehr belohnt werden musste. Das sieht der Pastor so lange ein, bis ein Rabbi mit wehendem Bart in einem offenen Ferrari an ihm vorbeizischt. Entrüstet wendet er sich an Petrus, der antwortet: ›Was soll ich machen, das ist ein Verwandter vom Chef‹« (Jupiter 2013, 64).

17.6 Reflexionsfragen

- In welchen Situationen wird in der Schule gemeinsam gelacht?
- In welchen Situationen wird über bestimmte Personen oder Gruppen gelacht?
- Gibt es Situationen, in denen über Religion/religiöse Einstellungen gelacht wird?

- Welche unterschiedlichen Humorpraktiken lassen sich in der Schule beobachten? Wo kommt es zu Grenzüberschreitungen? Wie werden verletzende Humorpraktiken bearbeitet?
- Worüber werden Witze gemacht – lassen sich darin Hinweise für notwendige Veränderungen für die Organisation von Schule, die Ausgestaltung von Regeln etc. erkennen?

Literatur

Artamonova, Olga V. (2016): »Ausländersein« an der Hauptschule. Interaktionale Verhandlungen von Zugehörigkeit im Unterricht. Bielefeld: transcript.

Cox, Harvey (1977): Das Fest der Narren. Das Gelächter ist der Hoffnung letzte Waffe. Gütersloh: Gütersloher Verlagshaus.

Hübsch, Hadayatullah (2013): Der muslimische Witz. Ostfildern: Patmos Verlag.

Jupiter, Elisabeth (2013): Mach Witze! Der jüdische Humor als Quelle der Toleranz. Wien: Picus.

Meyer, Karlo (2019): Grundlagen interreligiösen Lernens, Göttingen: Vandenhoeck & Ruprecht.

Rosa, Hartmut & Endres, Wolfgang (2016): Resonanzpädagogik. Wenn es im Klassenzimmer knistert (2. Aufl.). Weinheim: Beltz.

Schorr, Angela (2009): Emotions- und motivationspsychologische Grundlagen als Basis der Jugendmedienforschung. Das Forschungsprogramm von Dolf Zillmann. In: Schorr, Angela (Hg.), Jugendmedienforschung. Forschungsprogramme, Synopse, Perspektiven (63–89). Wiesbaden: VS-Verlag für Sozialwissenschaften.

Die Autorinnen

Andrea Lehner-Hartmann, Univ.-Prof.in, Institut für Praktische Theologie, Kath.-Theol. Fakultät, Zentrum für Lehrer*innenbildung, Universität Wien.

Karin Peter, FWF Elise-Richter-Projektleiterin »Religionspädagogische Analysen zur Opferthematik« (V679-G32), Universität Wien.

Helena Stockinger, Univ.-Prof.in, Institut für Katechetik, Religionspädagogik und Pädagogik, Katholische Privat-Universität Linz.